COLLECTION
Cascade

MARIE-NOËLLE BLIN
BONS BAISERS DE CALIFORNIE

ILLUSTRATIONS DE
MAÏTÉ LABOUDIGUE

RAGEOT - ÉDITEUR

Couverture de Bruno PILORGET
ISBN 2-7002-1039-5
ISSN 1142-8252

© RAGEOT-ÉDITEUR Paris, 1989.
Tous droits de reproduction et d'adaptation réservés pour tous pays. Loi n° 49-956 du 16-7-1949 sur les publications destinées à la jeunesse.

ENCORE PARTIR !

Non, ce n'est pas parce qu'elle a mauvais caractère, encore moins par esprit de contradiction ! Ni pour se singulariser ou faire, comme disent les grand-mères, « l'intéressante »...

De toute la famille, Caroline est la seule à faire grise mine, mais en toute bonne foi, elle n'arrive pas à trouver que cette histoire d'Amérique soit une bonne affaire pour elle !

Du jour au lendemain, ou presque, tout quitter : La France, Chevry, la maison, sa chambre, ses amies, sa classe, le cours de danse, le club des jeunes...

Terminées, les émissions de radio sur Clip-103-FM pour s'endormir chaque soir ; plus de télé non plus, du moins pendant quelque temps, car elle ne comprendra pas grand-chose à celle de là-bas. Elle ne saura plus rien des chanteurs qu'elle aime, elle ne trouvera pas ses magazines habituels sur la danse classique, les chiens, les groupes de rock...

Et tout cela alors qu'elle sait exactement comment l'aventure va se terminer : le temps de retomber sur ses pieds et de se refaire là-bas une vie à peu près possible, et son père annoncera un soir avec un air à peine gêné : « Ma chérie tu vas être contente, on retourne en France !

On me propose la direction de l'hypermarché de... »

Caroline l'entend déjà, comme si elle y était, citer une ville catastrophique genre Pontoise, Courbevoie, Lyon, Nice, Lille, ou Brive-la-Gaillarde ! Et à elle, il ne restera plus qu'à se taire, mettre trois chemises de nuit et une trousse de toilette dans une valise, jeter ou distribuer ses babioles, dire au revoir aux amies, aux copains, et oublier l'Amérique !

Comme si elle y était...

Elle en parle souvent avec Iris qui est dans sa classe, au collège Jean Racine, et qui a déjà vécu dans six pays étrangers : la calamité n° 1 pour les enfants, c'est de tomber sur des parents qui ont la bougeotte. Et de tous ceux qui ont la bougeotte, les pires, selon Caroline, sont ceux qui travaillent, comme son père, dans la distribution, c'est-à-dire dans la vente en super ou hypermarché... Ce sont des métiers de fous. Tous les dix-huit mois, il leur faut changer de magasin, aller en ouvrir un plus grand, partir en rénover un plus petit, agrandir celui-ci ou liquider celui-là... Vous habitez Nice, on vous envoie à Rennes. Vous êtes installé à Biarritz, on vous expédie à Strasbourg. Vous pouvez vous retrouver au Gabon, en Martinique, à Tahiti, ou même, comme le père de Caroline, être un beau jour « bombardé » en Amérique !

Car voilà le drame : dans quinze jours,

M. Alexandre doit prendre la direction d'un supermarché de produits français à Palo Alto en Californie. C'est le premier magasin que la chaîne « Géant » ouvre aux États-Unis. Et comme d'habitude, M. Alexandre ne partira pas sans ce que Caroline appelle méchamment son « paquet de linge sale ». Un sympathique paquet cadeau, en fait, dont il ne se sépare jamais, et qui contient, dans le désordre : ses deux filles, Caroline et Marie, son fils, Nicolas, sa femme, Mme Alexandre, Basile le chat, plus une tortue mâle, Max, trouvée un jour sur une route nationale.

Comme à chaque départ, il faudra se séparer de ses livres, objets et jouets, jeter les vieux et faire cadeau des neufs ; Mme Alexandre vendra quelques meubles et en donnera. Dans la distribution, on ne déménage pas, on s'en va avec ce que l'on a sur le dos et dans les poches, et l'on repart de zéro, avec une nouvelle maison, des meubles et des vêtements neufs...

A chaque fois, Caroline met de côté en secret tout ce qu'elle ne veut pas jeter ni donner ; elle le confie à ses grands-parents. Dans l'un de leurs placards, sont empilés les trésors qu'elle a réussi à sauver à chacun des départs et qu'elle a depuis longtemps oubliés. La collection de chouettes, celle de cartes postales, les images d'animaux qu'elle trouvait dans les plaques de chocolat, les boîtes de peintures, de couture, la poupée qui marche et celle qui pleure, les peluches miniatures, ses cahiers de poésie, du C.P. à la sixième, et tous ses chaussons de danse usés, de la première paire à l'avant-dernière...

Il est minuit. Au creux de son grand lit de princesse, dans sa chambre qui a exactement la forme du toit de la maison, Caroline n'en finit pas de ressasser d'amères réflexions.

Pourtant ses amies l'envient et ne cessent de lui dire à quel point elle a de la chance. La Californie, avec son soleil, ses surfeurs bronzés et ses vedettes de cinéma, les a toujours fait rêver. Sa famille, à part elle, ne se sent plus de joie : sa sœur Marie s'est mise à l'anglais ; sa mère lit jour et nuit le guide touristique de la Californie. Nicolas ne parle plus que d'Indiens, de bisons, de grizzlis. M. Alexandre dit qu'il espérait cela depuis des mois...

Caroline, elle, broie du noir. A presque treize ans, toutes les occasions sont bonnes pour en vouloir à la terre entière. Personne ne vous aime, c'est bien connu ; et les gens – y compris vos propres parents – ne savent pas quoi inventer pour vous gâcher la vie !

Déménager en Californie ! N'importe quoi...

– Dépêche-toi, Caro, le secrétariat du collège ferme à cinq heures. J'aimerais que nous soyons débarrassées de ça... J'ai tant d'autres démarches à faire, d'ici le 20 !

– A qui la faute, répond Caroline en haussant les épaules... Est-ce que j'ai demandé à partir, moi ?

Au tour de sa mère de lever les yeux au ciel. Mais l'heure n'est pas aux discussions. Le temps manque. Nous sommes vendredi 11 décembre, « Jour J moins 9 », comme on dirait dans l'armée ou l'astronautique. Caroline vient de vivre son dernier jour d'école. Elle n'en savait encore rien en montant dans le car de ramassage ce matin, mais sa mère en a décidé ainsi. La semaine prochaine sera consacrée aux formalités de départ et aux adieux à la famille. Les vacances de Noël de Caroline, Marie et Nicolas commenceront une semaine avant tout le monde.

A peine Caroline a-t-elle débarqué du car poussif et bruyant, cet après-midi, qu'elle a dû filer dans sa chambre rassembler tous les livres scolaires prêtés pour l'année, et retourner avec sa mère au collège qu'elle venait juste de quitter.

— J'irai annoncer au secrétariat que tu pars définitivement, pendant que tu iras rendre les manuels. N'oublie pas de remercier les uns et les autres. Essaye d'être souriante et aimable pour une fois, dit Mme Alexandre en regardant sa fille avec insistance.

— C'est la « Prince » qui va être contente, dit enfin Caroline en bouclant sa ceinture. Elle saute de joie chaque fois que quelqu'un quitte le collège. Son rêve, c'est une école sans élèves, je l'ai entendue dire ça un jour à la conseillère d'éducation...

Prince est l'abréviation de Principale ou Principal, comme vous l'aviez sans doute deviné.

– Comme je la comprends ! Avoir sur les bras neuf cents adolescents dans ton genre ! De toute façon, les professeurs rêvent d'écoles sans élèves, les conservateurs, de musées sans visiteurs, les agents, de rues sans voitures ni piétons...

– Et les parents, d'une vie sans enfants...

– Évidemment ! As-tu bien recompté tes livres de classe ?

– Oui ! soupire Caroline.

– Tu n'avais pas de livres de bibliothèque ? De matériel à rendre ?

– Mais non, qu'est-ce que tu vas chercher...

Caroline traîne les pieds dans les escaliers, en ressassant des regrets de crocodile. Elle sait bien que le collège Jean Racine n'est pas le plus agréable de France. Il en est de plus accueillants, de mieux situés, mieux construits, mieux entretenus, moins tristes, pour résumer la situation.

La conseillère d'éducation, qu'elles rencontrent dans le couloir, est une femme blonde, jeune, au physique plutôt agréable. A en croire les rapports de Caro, c'était une antiquité laide et sadique...

– Comme vous avez de la chance ! s'exclame-t-elle à l'annonce que lui fait Mme Alexandre. J'échangerais bien ma place contre la vôtre ! La Californie ! Qui ne donnerait pas son âme pour partir s'installer en Californie...

– Caroline, dit sa mère, en riant.
– Nous n'allons pas nous « installer » en Californie, marmonne Caroline. Nous ne ferons qu'y passer, en coup de vent, comme d'habitude...

Devant l'air perplexe de la conseillère, Mme Alexandre coupe court aux bavardages en tendant le sac bourré de manuels scolaires.

– Il y en a neuf à rendre, je crois.
– Huit, car l'orthographe est à la charge des parents. Il est à vous.
– Alors je vous en fais cadeau, il ne servira plus à rien, là-bas.
– Au contraire ! s'exclame la conseillère, choquée, il faudra bien qu'elle continue à travailler son français, cette petite.

Mme Alexandre rougit, comme une élève prise en faute.

– Je pense l'inscrire dans une école américaine. De toute façon, nous n'aurons pas le choix : il y a peu de chances qu'il existe une école française sur place...
– Raison de plus pour l'inscrire au C.N.C. Comme les écoles là-bas terminent leurs cours en début d'après-midi, elle aura tout le temps qu'il faut pour faire ses devoirs par correspondance. Ainsi, vous n'aurez pas de problèmes pour la réinscrire dans un collège à votre retour.
– A moi la galère ! s'exclame Caroline. Il ne me manquait plus que cela : deux écoles !

La secrétaire est brune, toute frisée et mâche du chewing-gum.

– En Californie ! Il y en a qui ont de la chance, hein ! dit-elle en regardant Caroline. Vous aurez beau temps toute l'année, les plus beaux fruits du monde, Disneyland... Je vais vous donner un certificat de scolarité. Il ne vous servira pas à grand-chose là-bas, mais c'est le règlement.

La voiture est glaciale. Du givre commence à recouvrir les vitres.

– Une bonne chose de faite, dit Mme Alexandre en passant la première. Demain matin, même formalité à l'école de Marie et à la maternelle de Nicolas ; visite à mamie et papie, l'après-midi. Dimanche, déjeuner chez Pierre et dîner chez Françoise. Lundi, dernière démarche à l'Ambassade pour les visas. Mardi, aller et retour à Lyon pour dire au revoir à mes parents... Après, je n'aurai plus que les contrôles médicaux et une petite trentaine de problèmes à régler. Avec un peu de chance, nous serons encore vivants le 20 pour partir...

– Maman...

– Je sens que tu vas me demander la lune...

– Est-ce que je pourrai organiser une boum pour dire adieu aux copains ?

– C'est ce que je disais ! La lune... Avec ce que j'ai encore à régler : la maison à vider et nettoyer, les voitures à vendre, les animaux à caser, les coups de fils à passer... Ce n'est pas possible, ma chérie. Comprends-le !

– Mais tu n'auras rien à préparer. Je m'occuperai de tout. Chacun viendra avec quelque chose à boire ou à manger. On pourra s'installer au garage, si tu veux.

– Quelle horreur ! Ce garage sale et glacé...

– Alors dans le living... Il n'y aura plus de meubles, ce sera idéal.

– Plus de meubles, plus de meubles, encore faut-il que je sois arrivée à les vendre, ces fichus meubles.

– Alors tu es d'accord ! Formidable ! J'appelle tout le monde au téléphone ce soir. Tu préfères un mercredi ou un samedi ?

– Comme s'il en restait des tas, de mercredi ou de samedi d'ici le 20 ! soupire Mme Alexandre. Demain, nous allons chez mamie, as-tu oublié ? Et samedi prochain, nous serons vraiment sur le départ. Je ne vois guère que mercredi 16, à la rigueur...

– Génial ! Mercredi 16 ! Je demanderai à chacun d'apporter ses cassettes.

Caroline est euphorique, pour la première fois de sa vie, sa mère a dit oui à une boum à la maison.

C'est sans doute le seul point positif de ce départ en Californie, mais il vaut son pesant de chips et de bouteilles de coca-cola, non ?

LA BOUM

Il pleut à verse mercredi 16 décembre sur la région parisienne. La maison de Caroline, située dans un lotissement environné de bois et de prés au cœur de l'Essonne, ressemble à un champ de bataille.

En effet, les petites annonces que sa mère a placées chez les commerçants et dans la grande galerie commerciale des Ullis ont eu leur effet : depuis ce matin les gens défilent pour acheter, qui le réfrigérateur-congélateur, qui la cuisinière à four catalytique, qui le canapé trois places en cuir, qui le robot ménager... Comme il a plu, neigé et replu ces derniers jours, tous les clients ont laissé en souvenir dans l'entrée et dans la plupart des pièces du rez-de-chaussée, les traces de leurs pieds boueux ou mouillés. Les meubles et les objets à vendre, rassemblés, empilés contre un des murs de la salle à manger donnent à la pièce un aspect désolé. Le salon entièrement vide n'est guère plus avenant. Pour ajouter à la confusion, le téléphone sonne tout le temps. Mme Alexandre a décrit douze fois sa table de salle à manger (avec les chaises), sept fois sa voiture, et elle ne sait plus combien de fois sa chaîne haute-fidélité...

Caroline contemple perplexe le salon vide au sol maculé de boue. Dans deux heures les invités seront là pour sa fête d'adieux.

– Maman, est-ce que je peux passer l'aspirateur et la cireuse dans le salon. Le sol est dégoûtant.

– L'aspirateur est vendu, ma pauvre chérie. Quant à la cireuse, rappelle-toi, j'en ai fait cadeau samedi dernier à mamie qui me l'avait demandée...

– Qu'est-ce que je dois faire, pour que ce soit moins laid ?

– Je te l'avais bien dit, que ce n'était plus le moment de faire une fête. Cette maison est devenue un chantier, elle me sort par les yeux... Vivement dimanche !

– D'accord, mais ce genre de réflexion ne m'aide pas beaucoup... As-tu vendu aussi les balais-brosses et les éponges ? persifle Caroline au bord du découragement.

– Ce ne sera jamais sec à temps, ma fille, si tu laves à grande eau. Et puis tu te fais du souci pour rien. Tes amis ne feront pas la différence. Ils viennent ici pour danser et s'amuser.

Caroline file à la cuisine, remplit un seau d'eau chaude et de produit détergent. Elle y jette deux grosses éponges, et rapporte le tout au salon en criant :

– Marie ! Viens voir ! Tu veux gagner dix francs ?

Marie dévale l'escalier, et fait une entrée fracassante dans le salon en renversant le seau d'eau posé juste derrière la porte.

– Bravo ! C'est malin ! Maintenant, tu n'as plus qu'à m'aider à éponger, grogne Caroline.

Dépêche-toi, fais ce côté-là de la cheminée. Et moi l'autre. Il faut que ce soit sec et propre, avant deux heures.

– Pour dix francs seulement ? Et qu'est-ce que je ferai de mes francs, en Amérique ? Paie-moi en dollars ou je ne fais rien ! Avec en plus le droit d'assister à ta boum.

En quelques coups d'éponges, elles nettoient à peu près le dallage. Elles aménagent à gauche de la cheminée, un coin repos ou discussion avec une peau de chèvre autour de laquelle elles disposent coussins et oreillers.

Ensemble, elles vont chercher la table basse en verre que leur mère a déjà mise de côté car quelqu'un doit en prendre livraison, et la posent contre un mur. Ils y installeront tout à l'heure les boissons et les choses à grignoter.

Soudain Caroline pousse un cri d'horreur :

– La musique ! Je n'ai plus rien pour passer la musique !

Sa radio-cassette est en sûreté chez mamie, à cent kilomètres d'ici. La chaîne des parents est complètement débranchée, désassemblée et empilée dans un immense carton dans la salle à manger. Prête à être vendue au premier venu.

C'est une furie au souffle court, qui débouche dans la cuisine où Mme Alexandre gratte le carrelage.

– Maman ! J'avais oublié que je n'aurais plus ma radio ! Dans une heure, mes copains vont arriver avec leurs cassettes, et je n'ai rien pour les passer. Il faut que tu remontes la chaîne. Tout de suite. Vite !

– J'en serais bien incapable, ma petite fille, répond sa mère. Et puis papa a passé une partie de la nuit à la démonter, ce n'est pas pour que je la réassemble derrière son dos.

– Je n'ai pas besoin de tout ! Juste le magnétophone à cassettes.

– Si c'était aussi simple... Mais le magnétophone ne marche pas sans l'ampli ni les deux haut-parleurs. Tu sais bien comment fonctionne une chaîne. Quant au montage, je n'y connais rien !

– Tu dis toujours ça pour ne pas avoir à faire les choses ! Je t'en prie ! Ou ma fête est fichue ! Fichue ! Et je serai ridiculisée.

– Téléphone à Iris ou Clémentine et demande-leur d'apporter leur magnétophone. Ou alors à Pierre. Il habite à deux pas.

– De quoi aurais-je l'air...

Le téléphone sonne. Mme Alexandre va répondre :

Oui, sa voiture est toujours à vendre. 48 000 kilomètres. Pas d'accrocs dans la carrosserie. Toit ouvrant. Non, pas de vitres électriques.

– Et comment pourrai-je téléphoner, moi, si la ligne est prise à tout bout de champ avec ces stupides questions !

Mme Alexandre réapparaît.

– Le téléphone est libre. Profites-en pour appeler tes amis...

Un quart d'heure plus tard, Caroline arrive à la cuisine au bord de la crise de nerfs : Pierre n'a pas de lecteur à lui. Il écoute ses disques et cassettes sur l'appareil de ses parents. Iris va venir en vélo et ne peut se charger de son gros magnétophone. Le petit miniK7 de Clémentine est en panne : les piles ont coulé dedans. Il refuse d'émettre le moindre son.

– Maman... Je t'en prie. Après, je jure de ne plus rien demander jusqu'à ma majorité.

– Dieu t'entende, dit sa mère. Si encore je savais où se trouve le livret de montage...

Les invités de Caroline seront là dans une petite demi-heure. Au milieu du salon, assise par terre entre les deux énormes haut-parleurs, la mère de Caroline se bat avec un écheveau de fils bleus, rouges, blancs et verts. Elle enfonce des fiches dans des trous, branche des prises électriques, et toutes les deux minutes demande à Caroline ou Marie si tel ou tel voyant s'allume bien. Caroline, l'œil rivé à sa montre regarde avec angoisse le temps passer encore plus vite que d'habitude.

A deux heures moins deux, la chaîne fonctionne enfin.

Exactement au même moment, retentissent le téléphone et la sonnette de l'entrée.

– C'était juste ! s'exclame Caroline en éclatant d'un rire nerveux.

– Et si je trouve au bout du fil quelqu'un qui veut m'acheter la chaîne, hein, Caroline, qu'est-ce que je fais ?

Caroline est déjà dans l'entrée prête à ouvrir à ses premiers invités.
– Tu leur dis qu'elle est cassée, nulle, déjà vendue, ce que tu veux...

Pour une réussite, c'était une réussite. La meilleure boum de sa vie. Encore mieux que celle d'Iris. Plus drôle que celle de Clémentine. Tout le monde est venu à part Florent. Cinq fois... non, quatre fois, elle a frisé la catastrophe : quand le client est venu chercher la table basse ! Elle était couverte de boîtes de coca, de cartons de jus d'orange, de paquets de chips, de biscuits, de chocolat... Sans parler des verres en plastique et de toutes les saletés que les uns ou les autres avaient faites dessus ! Mme Alexandre a vu le moment où il ne voulait plus l'acheter. Elle-même ne savait pas si elle devait insister ou le chasser de la maison...
Ensuite, c'est une personne de l'agence immobilière qui a débarqué avec d'éventuels futurs locataires ! Sa voix était complètement couverte par la musique ! Les clients affolés n'avaient plus envie de visiter la maison, encore moins de la louer !
Il est une heure du matin. Trop énervée pour trouver le sommeil, Caroline repasse dans sa tête les moments forts de sa boum de départ : l'horreur, à sept heures quand son père est arrivé avec un collègue qui venait acheter la chaîne haute-fidélité ! La tête de M. Alexandre, en voyant qu'elle était remontée et crachait ses

watts à en éclater ! Il faut savoir que le père de Caroline n'est pas comme sa femme : on ne négocie pas avec lui ! Il aurait pu leur laisser une heure encore, mais non ! Il a tout débranché, embarqué dans la caisse. N'empêche qu'après, la fête a été encore plus sympa : les garçons et les filles se sont assis par terre tout autour de la pièce, et ont joué à « mon préféré, mon détesté »... Mon plat, mon jour, mon cours, mon pays... préférés. Mon chanteur, mon film, mon professeur, mon animal... détestés.

Tellement réussie, sa fête, que personne ne voulait partir. Ils ont dû téléphoner chez eux pour dire qu'ils arriveraient après huit heures. Heureusement que M. Alexandre a bien voulu faire deux voyages pour reconduire tout le monde ! Il était prêt à tout pour avoir un reste de soirée tranquille.

Caroline se demande si on fait des boums comme ça en Californie...

VOL 031
PARIS-SAN FRANCISCO

Coincés entre leurs parents à l'arrière du taxi qui les mène à Roissy, Caroline, Marie et Nicolas passent en revue minutieusement les catastrophes qui pourraient les empêcher d'atteindre la Californie comme prévu, après onze heures et demie de vol.

– Les pilotes de TWA pourraient déclencher une grève surprise, propose Caroline.

– Ou les contrôleurs aériens, renchérit Marie. Cela arrive tous les jours...

– Et s'il y avait à bord un pirate de l'air, commence Nicolas.

– Qui nous ferait atterrir à Beyrouth ou en Irak, continue Caroline.

– L'autre jour, un avion a explosé au décollage, je ne sais plus si c'est en Inde ou en Amérique du Sud... dit Marie.

– Et un autre s'est écrasé à l'atterrissage en Espagne...

– Vous n'avez rien de plus joyeux à évoquer, dit Mme Alexandre en essayant de se tasser davantage contre la vitre. Pour votre premier voyage en avion, vous manquez singulièrement d'enthousiasme !

Après avoir surmonté les obstacles de l'enregistrement des bagages, de l'examen des passeports, traversé deux détecteurs d'armes, longé d'interminables couloirs roulants, et franchi au compte-gouttes le seuil de l'avion, ils se retrouvent assis dans les fauteuils gris de la classe « affaires », à l'avant de l'appareil.

Un steward vient donner à chacun des enfants une pochette contenant des jeux pour s'occuper pendant le vol, plus une trousse contenant des chaussons, une brosse à dents et des serviettes parfumées.

Dans tous les coins, on s'affaire à ouvrir et fermer les cases à bagages, à sortir des objets de mallettes ou de sacs à main, à enlever des lainages car il fait très chaud. Le haut-parleur donne l'ordre de s'asseoir et d'attacher les ceintures, et le Boeing se met à ronfler, puis à avancer à très petite allure. Il s'immobilise puis part en roulant dans un bruit d'enfer avant de se dresser au-dessus des lumières de la ville.

– Je reconnais les lampadaires des Ullis, dit Nicolas.

– Et moi, je vois la maison, lui répond Marie en faisant le geste qui dit « mon œil » !

La famille Alexandre est répartie sur deux rangées : les parents et Nicolas devant, au premier rang des non-fumeurs, les deux filles juste derrière, la place à côté de Marie étant occupée par un homme incroyablement volumineux.

L'hôtesse entame une démonstration en enfilant un gilet de sauvetage et en appliquant contre son visage un masque à oxygène.

– Tu vas voir qu'elle va nous porter malheur,

celle-là, avec son matériel ridicule, grogne Caroline.

– Quelle est la profondeur maximum de l'océan Atlantique ? interroge Marie en tapant sur l'épaule de son père.

– A quelle heure arrivons-nous ? demande Nicolas à sa mère.

– Vingt et une heure trente.

– Neuf heures et demie du soir ? s'exclame Marie. Ce n'est pas possible puisqu'on est parti à sept heures et demie du soir. Il n'y a pas que deux heures de vol !

– Non, le voyage dure bien onze heures et demie, comme je te l'ai dit déjà.

Et Mme Alexandre de se lancer dans l'explication des fuseaux horaires et des différences d'heures aux quatre points de la planète.

Les hôtesses servent enfin le dîner sur un petit plateau. Elles repassent avec du café, puis reviennent avec des écouteurs pour les deux films.

Caroline et Marie s'enfoncent dans leur fauteuil, épaule contre épaule car le gros monsieur mord sur la place de Marie. Elles posent les écouteurs sur leurs oreilles pour obtenir la version française du premier film. Elles étendent la couverture sur leurs jambes et leurs pieds. Jamais elles n'ont ressenti une telle impression de confort et d'importance. Un quart d'heure plus tard, elles dorment d'un profond sommeil qu'une hôtesse viendra interrompre quelque dix heures plus tard :

– Ces demoiselles prendront du thé ou du café ?

Caroline est déçue. Elle n'a fait que dormir au lieu de surveiller le ciel dominant l'Atlantique. Elle n'a même pas vu de film. Devant elle, son père est déjà prêt à descendre, rasé, coiffé, sentant bon l'eau de toilette. Sa mère lit un journal, Nicolas boit du thé en faisant le casse-tête chinois de sa trousse de jeux. Ils rient tous les trois en voyant sa tête hirsute et sa mine déconfite. Elle secoue Marie qui dort la tête sur l'accoudoir.

– Tiens, ne rate pas ça, au moins, dit son père. Regarde les lumières de San Francisco qui se rapprochent à toute vitesse. Le trou noir, c'est l'eau, c'est la baie. Autour, comme des guirlandes, ce sont les lumières des villes qui la bordent. Demain, nous serons une de ces petites lumières-là.

La queue n'est pas trop longue pour accomplir les formalités d'entrée aux États-Unis. Les papiers sont en règle et au complet. Le douanier qui mange un sandwich à trois étages n'a surtout pas envie de leur faire ouvrir les bagages.

Dans le hall de l'aéroport, pas besoin de regarder parmi la foule : ils savent que personne ne les attend. Il ne leur reste plus qu'à trouver un taxi pour gagner l'hôtel où deux chambres leur sont réservées. Il est dix heures du soir à San Francisco. Une deuxième nuit de sommeil, une deuxième nuit de répit, les sépare encore de leurs aventures américaines.

Au petit matin, Caroline et Marie sont réveillées par leurs parents. Habillés, fin prêts, ceux-ci ont déjà pris le petit déjeuner et retenu une voiture de location. Ils doivent se rendre à l'agence immobilière qui leur remettra la clef de leur future maison à une cinquantaine de kilomètres de San Francisco.

– Restez-là à dormir encore un peu, dit M. Alexandre. Nous avons demandé que votre petit déjeuner soit apporté dans la chambre à huit heures. Et vous allez voir ce que c'est qu'un vrai *breakfast* américain ! Si vous voulez vous mettre dans l'ambiance du pays, regardez la télévision : il y a une douzaine de chaînes qui marchent vingt-quatre heures sur vingt-quatre.

– Prenez un bain, ajoute leur mère, la baignoire va vous amuser avec ses jets d'eau, ses vagues et ses remous ! Il y a même moyen de prendre un bain de vapeur ! Mais pas de bêtises, pas d'inondation. Surveillez bien Nicolas. Caroline, nous comptons sur toi. Je préfère que vous ne sortiez pas de l'hôtel jusqu'à notre retour. Mais si vous voulez jeter un coup d'œil aux boutiques du rez-de-chaussée, les ascenseurs se trouvent à droite, au bout du couloir. Je vous laisse une dizaine de dollars pour acheter des bonbons ou à boire... N'oubliez pas la clef de votre chambre si vous la quittez.

– Nous préférons aller avec vous, dit précipitamment Caroline en sortant du lit.

L'idée de se retrouver seule avec ses frère et sœur dans cet hôtel immense et impersonnel où tout le monde parle anglais la terrorise. Tout lui semble difficile, tout lui fait peur : l'arrivée du serveur avec les petits déjeuners. Que faudra-t-il lui dire ? Devra-t-elle le payer ? Cette télévision, en face de leurs deux lits ; vite dit, de la regarder ! Comment la fait-on marcher ? S'ils allaient la casser, la faire exploser en essayant les boutons ! Le robinet de la baignoire, comment fonctionne-t-il ? Elle n'a jamais vu un mélangeur comme celui-ci en France... Si les jets de vapeur allaient les brûler vifs... Quant à explorer les magasins de l'hôtel, elle n'y songe pas, maman ! S'ils ne retrouvaient pas la chambre, après ? Ou s'ils n'arrivaient pas à ouvrir avec cette carte à mémoire qui sert de clef ? Et puis qu'est-ce que ça vaut, un dollar ? A quoi ressemblent les billets de un, de cinq, de dix dollars ? Sans parler des pièces.

Nicolas dort encore dans le petit lit pliant. Seules deux mèches de cheveux hirsutes dépassent du drap.

– Nous serons de retour avant midi, ajoute le père de Caroline. Nous vous emmènerons déjeuner dans la grande salle à manger de l'hôtel.

Là-dessus, ils quittent la chambre tous les

deux sans se retourner. Caroline se dit qu'elle ne les reverra plus.

Elle prend, sur la table de nuit, la commande à distance de la télévision et s'enhardit à appuyer sur le 1. L'écran s'allume mais ne donne que des rayures grises. Le 2 fait le même effet, ainsi que tous les autres chiffres. Elle tente une touche marquée d'une flèche. Miracle, l'écran présente une dizaine de filles et de garçons en collant, en train de suivre les instructions d'un professeur d'aérobics au son d'une musique d'enfer. Un petit « 2 » à droite de l'écran indique qu'il s'agit de la deuxième chaîne.

Elle appuie sur la même touche, et tombe sur un autre cours de gymnastique, s'adressant à des personnes âgées, à en juger par l'apparence de ceux qui s'agitent en collant aussi, mais en douceur, au rythme d'une musique à trois temps. C'est la quatrième chaîne.

Elle continue à presser la touche fléchée : la cinq propose un journal. La sept aussi. La neuf, un reportage sur les dauphins. La quatorze, un dessin animé en espagnol : *l'Île au trésor ;* elle reconnaît les images du feuilleton que Marie regardait tous les mercredis matin en France.

Trois autres chaînes offrent des dessins animés de science-fiction. La 44 présente un film en noir et blanc. La 48, un chef cuisinier qui explique comment il roule sa pâte à tarte. Sur la 54, une femme en maquille une autre en commentant ses gestes. Sur la 60... Mais cela ne s'arrêtera-t-il jamais ? La 60 montre un paysage campagnard tandis qu'une voix déclame des phrases auxquelles Caroline ne comprend rien.

Elle retombe sur la deux et recommence sa tournée des chaînes mais cette fois, quel que soit le numéro, elle a droit à un « spot » publicitaire. Chic ! ça, elle adore. C'est toujours super, la publicité à la télévision ! Elle réveille son frère, car il est aussi un amateur, il récite par cœur toutes les publicités de la télévision française au désespoir de ses parents.

– Nico, il y a des pubs !

Passant d'une chaîne à l'autre ils ont droit à des spots sur du café, des crêpes surgelées, de la sauce tomate, une crème qui fait la peau douce, une lessive, un désodorisant de moquette, un aspirateur à vapeur, de la nourriture pour chat, cinq marques différentes de voitures, un cabinet d'avocats, trois sortes de médicaments contre le rhume, une éponge à gratter les casseroles, un fauteuil pour personnes âgées, une chaîne de restaurants mexicains, une compagnie de téléphone, un supermarché qui n'est pas « Géant », un maquillage qui allonge les cils et un barbecue électrique...

Soudain, on frappe à la porte. L'angoisse de Caroline la saisit à nouveau.

– Qu'est-ce que ça peut être, dit-elle à sa sœur.

– Va voir, dit celle-ci, c'est toi la responsable.

Sans même qu'elle ait dit « entrez », la porte s'ouvre, et un jeune homme encombré d'une table roulante, vient livrer le petit déjeuner. Il demande quelque chose. Caroline ne comprend pas et fait juste un geste d'ignorance en levant les deux épaules.

Le jeune homme repose sa question. Caroline désespérée regarde sa sœur, son frère, puis jette :

– Excusez-moi, je suis française, dit-elle.

– O.K., dit-il alors ; il pose ses plateaux sur une table ronde et repart en faisant un grand sourire.

Caroline, Marie et Nicolas se précipitent à la table. Il y a des verres de jus d'orange, des œufs brouillés avec des pommes de terre et des saucisses. Des petites crêpes épaisses, des toasts de pain de toutes variétés, du pain français enveloppé dans une serviette, du beurre, six petits pots de confiture, du miel, une théière recouverte d'un chapeau matelassé, des petits pots de lait, du sucre enveloppé dans des sachets roses, des beignets troués en leur milieu, des petites boîtes de céréales... une folie !

Vers dix heures, ils explorent la baignoire. Ses côtés sont percés de multiples trous d'où jaillissent des jets assez forts. A l'entrée de la salle de bains, un véritable tableau de bord commande la chaleur de l'air, de l'eau, le bain de vapeur, etc. Ils n'osent pas y toucher de peur de se retrouver cuits, et n'expérimentent que le fameux bain à remous.

A onze heures, ils entrouvrent la porte de la

chambre pour voir comment se présente le monde extérieur.

– Vous, vous restez dans la chambre, dit Caroline, et je vais explorer le bout du couloir.

– Pourquoi pas le contraire ?

– Parce que je suis la responsable.

Elle avance sur la moquette rouge et profonde au point d'enfouir complètement les chaussures. Presque partout les chambres sont ouvertes, et des femmes de ménage s'activent à l'intérieur. Elle arrive dans un hall circulaire où sont alignées six portes d'ascenseur.

Justement une des portes s'ouvre devant elle. Sur une impulsion qu'elle regrette immédiatement, Caroline monte. Elle se retrouve seule dans la grande cabine, entourée de miroirs. Le temps de se regarder dans la glace, la lumière s'éteint. Elle n'a même pas vu où étaient les boutons. Son cœur se met à battre très fort, mais deux secondes plus tard, la lumière revient, et l'ascenseur se met en marche. Il est si rapide qu'au début, elle ne se rend pas compte s'il est en train de monter ou de descendre. Les chiffres lumineux qui se succèdent lui apprennent qu'il descend : 6, 5, 4, etc. Avec un peu de chance, elle va se retrouver au rez-de-chaussée où d'autres gens monteront, et elle pourra retrouver le septième étage qu'elle n'aurait jamais dû quitter.

2, 1, G, -1, -2. L'ascenseur s'arrête. Un groupe d'hommes chinois ou japonais – peut-être vietnamiens, ou encore thaïlandais, elle ne sait pas

– s'engouffre avec des montagnes de sacs et de valises. Caroline s'est retrouvée projetée au fond de l'ascenseur, collée à la paroi, avec juste ce qu'il faut d'air pour rester en vie.

La cabine remonte. Il semble à Caroline qu'elle grince, s'essouffle, monte par à-coups, comme si elle était trop chargée. Ces gens se sont engouffrés là-dedans sans même regarder quel était le nombre de personnes maximum... L'ascenseur est au dixième étage, et continue sa grimpette. Au dix-huitième, elle sent son cœur lui remonter dans la gorge. Ralentissement, immobilisation. En un instant, tous les petits hommes ont filé.

Au moment où elle s'apprête à appuyer sur le 7, l'ascenseur décolle et reprend son ascension : 20, 21, 22. Elle songe tout à coup à sa sœur et à son petit frère et se demande si elle les reverra jamais. Combien de jours et de nuits va-t-elle être condamnée à passer dans ce maudit ascenseur étincelant ?

A nouveau l'impression des pieds, des genoux, de l'estomac qui vous remontent dans la gorge. La porte s'ouvre au trentième étage. Des femmes en peignoir de bain montent en bavardant. Caroline envie leur insouciance, leur assurance. Elle se souvient que le trentième étage est l'étage de la piscine, de la salle de gymnastique, de la terrasse. Une des femmes en peignoir jaune, une serviette enturbannée autour de la tête lui fait un signe interrogatif en montrant les boutons lumineux. Une fraction de seconde, Caroline ne sait même plus comment l'on dit sept en anglais. Le trou noir. Le vide. L'inspiration lui revient soudainement et c'est presque en hurlant qu'elle répond à la dame : SEVEN.

Comme les choses sont simples. Caroline sort en se retenant de courir. Après deux tours de hall, elle reconnaît son couloir rouge. Elle frappe au 719. Au bout d'un moment qui n'en finit pas, la porte s'ouvre. Marie est verte. Nicolas, jaune citron.

– Tu as mis longtemps ! s'exclament-ils tous les deux en même temps.

À LA DÉCOUVERTE
DE L'AMÉRIQUE

La salle de restaurant est entièrement entourée d'aquariums où nagent des poissons de toutes grosseurs et de toutes couleurs, des tortues, des crustacés. Le plafond est en vitre teintée vert pâle, et les clients ont l'impression d'être eux-mêmes installés au fond d'un aquarium. Les plantes vertes ressemblent à des algues, mais la serveuse qui s'approche d'eux avec le sourire et un plateau de verres d'eau glacée n'a rien d'une sirène : elle pèse au moins cent kilos qu'elle dissimule dans les fronces d'une robe longue et ample.

Mme Alexandre sait parfaitement ce que Nicolas va commencer à dire, elle l'arrête avant le premier mot.

– Ce n'est pas la peine de le dire. Nous avons tous des yeux, lui dit-elle à voix basse, pendant que la jeune fille pose les verres débordant de glaçons, et leur demande s'ils vont bien. Et méfie-toi avant de parler : dans l'hôtellerie, les employés parlent plusieurs langues. Imagine que cette jeune femme comprenne le français...

– Mais quand même, elle est grosse, dit Nicolas en se retournant pour la regarder s'éloigner d'une démarche ralentie.

– Il faudra t'y faire, aux États-Unis, on rencontre beaucoup de gens obèses, hommes, femmes et enfants. Je ne pourrais pas t'expliquer pourquoi. Et comme ici, personne ne se moque de personne, ils se promènent sans raser les murs et sans se sentir spécialement gênés ; comme tu vois, ils n'ont pas de mal à trouver du travail même dans un endroit chic comme celui-ci... Alors ne va pas t'esclaffer ou montrer du doigt quelqu'un de gros, personne ne comprendrait ton attitude.

– Pourquoi nous a-t-elle apporté des verres d'eau ? demande Caroline.

– Une coutume d'ici, dit son père. Contrairement à la France où le serveur, furieux de te voir arriver, se venge en te faisant attendre jusqu'aux limites de la patience, ici, le client est V.I.P. On lui donne les menus en l'installant ; on lui sert immédiatement des verres d'eau fraîche, comme s'il venait de traverser un désert à cheval, et c'est bien rare si dans les dix minutes il n'a pas une assiette remplie devant lui.

Caroline et Marie essaient de déchiffrer la carte.

– Je ne comprends rien ! se lamente Marie. Déjà en français, j'avais du mal à lire les menus, mais là...

Mme Alexandre leur traduit la description de sandwiches qui semblent fabuleux. L'une et l'autre en choisissent un, Caroline à base de poulet, Marie, aux crevettes et au crabe. Un jeune homme arborant au sommet de la tête ce qu'on appelle communément une « banane », s'approche de la table, un bloc de papier à la main. Nicolas commence à ouvrir la bouche, mais Caroline lui donne un coup de pied dans les jambes, et dit :

– Ce n'est pas la peine de le dire non plus, nous avons tous une bonne vue...

M. Alexandre passe la commande sans trop de mal.

– J'ai passé l'été dernier en France, dit, dans un français à peine hésitant, le jeune homme après avoir noté les plats. C'était magnifique. Surtout Nice ! J'ai adoré Nice.

– Tu vois, dit maman à Nicolas une fois que le garçon s'est éloigné. Tu peux tomber sur des gens qui parlent et comprennent le français.

– Quand même, quelle « banane » ! dit le petit garçon en se retournant pour suivre les allées et venues du jeune homme.

– Moi, j'ai compris pourquoi il y a tant d'obèses aux États-Unis ! dit Caroline en s'esclaffant.

Le même jeune homme vient de déposer devant eux des sandwiches faits pour nourrir une tribu de géants, accompagnés de toutes sortes de crudités et de sauces qui n'étaient pas annoncées dans le menu...

Pendant que les uns et les autres tentent de manger à peu près proprement les sandwiches débordant de salade, de cornichons, de tomates, de bacon, de poulet ou de crevettes, M. Alexandre décrit la future maison. Toute en bois, comme on les fait aux États-Unis, peinte en blanc avec des volets bleus. Située à l'extrême ouest de Palo Alto, juste au pied des collines qui longent l'océan Pacifique. A quelques mètres de leur jardin, paissent des vaches et des chevaux.

– Grand comment, le jardin, demande Nicolas.

– Pas immense mais donnant directement sur la nature : un petit jardin comme celui de Chevry devant, et un plus grand, derrière ; il y a aussi une terrasse, un garage pour deux voitures, et une surprise...

– Je sais quoi : un portique, dit Nicolas.

– Un oranger avec des oranges, dit Marie.

– Un fantôme au grenier, dit Caroline.

Le repas terminé, ils s'engouffrent dans la voiture de location. Ils roulent pendant d'interminables kilomètres le long d'une avenue qui a la taille d'une autoroute, mais qui n'en est pas une puisqu'elle est jalonnée de feux rouges, et bordée d'hôtels, de motels, de restaurants, de bureaux, de garages et de magasins ressemblant à de gros cubes en verre et en carton-pâte, entourés de parkings pouvant accueillir des centaines de véhicules.

– Que c'est laid ! s'exclame Caroline. Toi qui disais que la Californie était l'État le plus beau de toute l'Amérique, avec des forêts, des fleurs, et des animaux partout... Il n'y a que du béton et de la voiture... Je me demande à quoi doit ressembler l'État le plus laid...

– Une seconde, attends de voir les quartiers résidentiels... Tout le pays est organisé ainsi :

on regroupe les commerces, les bureaux, l'hôtellerie le long de grandes artères laides, mais commodes à parcourir ; et les habitations se retrouvent dans des quartiers avec jardins, parcs, terrains de sport... Pour passer des zones actives aux maisons, tu dois forcément prendre une voiture. Sans voiture ici, tu es mort.

– Alors les enfants sont morts...

– Les enfants sont les rois, au contraire ! On les conduit partout en voiture : à l'école, aux activités sportives, chez leurs amis, aux fêtes d'école et de quartier. Et on revient les chercher quelle que soit l'heure...

– Tous ?

– Ceux qui ont une bonne vie d'enfant, comme vous trois.

– Tu trouves que nous avons une bonne vie d'enfant, nous, avec nos deux cents déménagements ! Une vie de chien, tu veux dire !

M. Alexandre en lâche son volant. Maman dit un « Oh ! Caroline ! »

– Je rêve ! explose son père. Elle est là en plein décembre, sous le soleil de la Californie, et elle se plaint ! Pauvre victime sans racines et sans enfance ! Est-ce que tu te rends compte de la chance que tu as, Caro ? Est-ce que tu as senti comme tous tes amis de Chevry t'enviaient, est-ce que tu as vu ce qu'ils auraient donné pour être à ta place ?

Caroline fait une grimace sceptique qui lui gonfle les joues. M. Alexandre en oublie de redémarrer au feu vert. Personne ne klaxonne derrière lui. En Californie, on permet aux gens de rêver quelques secondes au volant.

– Papa, dit Nicolas, le feu ! Il est vert depuis une heure.

Quelques minutes plus tard, la voiture sort de la grande avenue, pour filer à droite, le long des maisons qui font penser à des maisons de poupée. Les jardins n'ont pas de clôtures, pas de barrières. Devant chacun d'eux, tout le long des trottoirs, sont plantées ces boîtes aux lettres qu'on voit dans les dessins animés de Walt Disney, en forme de demi-cylindre reposant sur un piquet en bois, et souvent décorées de ratons laveurs ou peintes de couleurs vives.

– Voilà les fameux quartiers résidentiels dont je vous parlais, dit papa. N'est-ce pas autre chose ? Est-ce qu'on n'a pas envie d'habiter une de ces maisons de Blanche-Neige ?

Les jardins débordent d'orangers chargés d'oranges à cette époque de l'année. Il y a aussi des citronniers, des palmiers, des arbustes à fleurs violettes, des camélias blancs, rouges, roses. Presque toutes les maisons sont en bois, à part certaines, plus vastes, en briques. Sur le trottoir, un chien, de temps en temps, un chat immobile, un jeune homme en survêtement courant méthodiquement, ou deux femmes faisant une marche athlétique sans cesser de bavarder. Pas un magasin. Pas une boulangerie. Pas un café.

Il est presque cinq heures, et la nuit va commencer à tomber.

– Je ne sais pas si cela vaut la peine d'aller jusqu'à la maison, dit maman. Le soir tombe. Nous serions mieux à l'hôtel...

– Juste un petit coup d'œil, supplie Nicolas. Papa a dit que le jardin grouillait d'écureuils et de ratons laveurs... Je veux les voir !

Ils arrivent à temps pour voir pendant qu'il fait encore jour un écureuil noir grimper sur le toit de tuiles. La maison a une entrée, une immense cuisine au milieu de laquelle trône un grand comptoir comme dans les feuilletons américains, quatre petites pièces qui seront des chambres, une grande qui deviendra un salon, deux autres, de taille moyenne dont on ne sait encore à quoi elles serviront.

Dans le jardin de derrière, entourée d'une haie fleurie, la surprise... Une piscine ovale : on est vraiment en Californie. Pas immense, mais faisant bien dix mètres sur cinq. Avec un plongeoir qui rebondit. Marie a déjà sauté dessus.

– C'est l'enfance malheureuse qui continue, hein, Caroline, dit M. Alexandre à sa fille en terminant le tour des lieux.

Caroline se force à un pauvre sourire. Mais ni le charme de la maison ni la piscine ne parviennent à supprimer les soucis qui se bousculent dans sa tête : l'école, la langue, la solitude, son avenir de danseuse étoile...

– Est-ce qu'on a encore le temps de préparer Noël ? demande-t-elle à ses parents, pour avoir quelque chose d'agréable en perspective. On est déjà le 21 décembre.

VOISIN, VOISINE

Ce matin, à sept heures, avant d'aller rejoindre son bureau et le chantier presque terminé du futur supermarché « Géant », M. Alexandre a fait une recommandation à sa femme et ses trois enfants :

– N'oubliez pas d'aller vous présenter aux voisins dès aujourd'hui.

– A toutes les maisons de la rue ? a demandé Marie.

– Tu crois ? a dit Mme Alexandre. Je ne voudrais pas avoir l'air sans-gêne ou incongrue...

– Mais non ! En Amérique, les relations entre voisins ont une grande importance dans la vie sociale des gens.

Puis, dans un ronflement de moteur puissant, il est parti au volant de la voiture que l'entreprise lui a donnée pour la durée de son séjour en Californie : une voiture française, bien sûr mais adaptée aux normes américaines. « Modèle turbo injection, avec échangeur air-air, système de freinage antiblocage et pot catalytique », a-t-il expliqué hier à sa famille qui a aquiescé admirativement sans comprendre un mot de ses explications techniques.

– Tu sauras leur parler anglais, aux voisins ? a demandé Caroline à sa mère.

– Ce sera limité, mais je compte sur toi, ma grande !

Caroline a eu la chance, pendant sa scolarité au hasard des déplacements de son père, de se retrouver plusieurs fois dans des écoles primaires expérimentales avec de l'anglais au programme.

– Je ne sais rien dire d'utile ! soupire-t-elle en levant les épaules. Et surtout, j'ai du mal à comprendre. Les gens, ici, n'ont pas le même accent que mes profs d'anglais. Et ils parlent dix fois plus vite.

Tous les quatre rentrent dans la maison ; elle est encore quasiment vide à part une table ronde en marbre dans la cuisine et six chaises autour. Cette nuit, ils ont dormi sur des matelas gonflables : les lits qui devaient être livrés la veille ne sont jamais arrivés. Grosse déception : qu'en est-il de l'efficacité américaine légendaire ?

– Qu'est-ce qu'on fait, aujourd'hui, Maman ? demande Caroline.

– On achète un sapin ! dit Marie.

– Et des lampions ! ajoute Nicolas.

Tous ont remarqué la veille au soir que les maisons du quartier, sans exception, sinon la leur, avaient le toit, les fenêtres et les portes bordés de guirlandes d'ampoules électriques rouges, vertes, bleues... De toute évidence, Noël s'affiche à l'extérieur des maisons : chaque porte d'entrée arbore une couronne de feuilles de houx, et les lanternes, dehors, ont des bouquets de gui accrochés à leurs ferrures.

– Aujourd'hui, dit Mme Alexandre, courses

en tout genre : pour remplir le réfrigérateur, pour vous habiller, pour les cadeaux de Noël... Ensuite, nous ferons la tournée des voisins. C'est un programme qui vous convient ?

– Si nous allions déjeuner dans un Mac Donald, dit Marie. Ça nous rappellerait Chevry...

Les livreurs sont deux ; ils ont des casquettes de baseballeurs vissées sur le crâne. L'un a une boîte de Coca-cola à la main, l'autre un téléphone sans fil qui diffuse une sorte de crépitement.

Au bout de leur dixième voyage de l'arrière du camion à l'entrée de la maison, Caroline, qui suit les opérations depuis le porche, vient trouver sa mère :

– Quels meubles exactement avez-vous commandés ? dit-elle d'un air de doute.

– Trois lits à tiroirs, tu sais, comme vous aviez à Toulon. Un lit double. Quatre commodes. Quoi d'autre ? Une planche à repasser, deux canapés en rotin, un fauteuil à bascule, des étagères à livres, des chauffeuses, une table basse... Ce doit être tout.

– Alors viens voir, dit Caroline. Tu trouves que ça ressemble à des lits, des canapés et des commodes, toi ?

Mme Alexandre se trouve confrontée à un amoncellement gigantesque de planches, de barres de bois et de métal, de plaques de contreplaqué, de tubes, et de coussins. Le plus grand des deux hommes s'avance vers elle, les bras chargés de sachets qu'il lui met dans les mains : ce sont par dizaines, par vingtaines des sacs de clous, de vis, de bandes velcro, de pots de colle et de vernis !

Pas besoin de faire un dessin à Mme Alexandre : son avenir est bien rempli. Combien de jours et de nuits lui faudra-t-il pour assembler, monter, installer tous ces meubles fournis en kit, en pièces détachées, en menus morceaux, ce dont aucun vendeur ne l'avait prévenue, bien sûr !

Elle signe sans broncher la feuille de livraison. Les deux hommes quittent la maison en roulant leurs épaules de déménageurs.

– Eh bien je crois qu'il y a du travail pour chacun d'entre nous, d'ici Noël, soupire-t-elle en s'asseyant sur le rebord de la cheminée.

– C'est pas demain que nous allons dormir dans un vrai lit ! dit Caroline.

– Courage, ma grande, si nous nous y mettons tout de suite, toi et moi, je suis sûre qu'au moins vous trois aurez des lits ce soir.

Caroline sourit d'un air vague.

– Je suis trop fatiguée, je vais me recoucher. Ça doit être le décalage horaire...

A deux heures, tout le monde est fin prêt pour la visite de courtoisie aux maisons voisines. Nicolas s'est mouillé les cheveux pour ne pas avoir d'épis au sommet de la tête, Marie a vaporisé de l'eau de toilette sur ses poignets, et

Caroline a repassé dans sa tête les formules de présentation et de politesse qu'elle a apprises à l'école.

La boîte aux lettres est bleue avec un petit drapeau américain. Sur le paillasson est écrit : *Welcome*. La sonnette fait ding-dong, comme celle de la maison de Chevry ; la porte est décorée d'une couronne de houx. Il s'agit de la maison située à gauche de celle des Alexandre. La porte d'entrée s'ouvre en grand. Un homme brun, très gros, en pyjama rayé contemple les quatre personnes alignées sur le pas de sa porte.

– Pardon ! dit-il d'un air peu engageant.

De surprise, Mme Alexandre en oublie la formule qu'elle avait préparée pour se présenter elle-même ainsi que sa petite famille. Caroline vient à son secours :

– Nous sommes vos nouveaux voisins, dit-elle en essayant de s'appliquer à prendre l'accent américain.

– Nous arrivons de France, enchaîne sa mère qui a repris le fil de sa pensée, nous voulons juste nous présenter et faire un peu connaissance.

Le visage de l'homme reste fermé comme une porte de prison. Il dit trois fois *Yes* en hochant la tête.

Va-t-il enfin dire quelque chose du genre : « Un instant, j'appelle ma femme », et va-t-on voir enfin arriver, gracieuse et sautillante, une femme avenante qui dira d'une voix d'oiseau, comme dans les feuilletons de la cinquième chaîne : « Comment allez-vous, mes très chers ? Je suis si heureuse de vous rencontrer ! Venez prendre avec moi une tasse de café... »

Non. L'homme au pyjama les regarde en silence. Il finit par laisser tomber, comme à regret :

– Vous êtes Français ?

– *Yes*, disent ensemble Mme Alexandre, Caroline, Marie et Nicolas qui ont tous compris la phrase.

Un long silence de nouveau. Chacun voudrait être ailleurs. Mme Alexandre cherche les mots pour s'enfuir poliment.

– Moi, je suis Yougoslave, dit enfin l'homme en enlevant un cheveu sur la manche de son pyjama.

– Oh ! commentent les quatre Français stupéfaits.

Voilà pourquoi ils n'ont pas eu droit à un accueil à l'américaine.

– Nous ne voulons pas vous retenir davantage, dit Mme Alexandre. A bientôt. Excusez-nous de vous avoir dérangé.

La porte se referme d'un coup sec.

– Tu crois que c'est une bonne idée, de continuer avec les voisins de droite, demande Caroline. Avec notre veine, nous allons tomber sur un autre espion, ou pire encore.

– Un espion, cet homme ? dit Mme Alexandre. Quelle drôle d'idée... Les espions sont plus civilisés...

— A droite, ce matin, j'ai vu deux filles de nos âges, dit Marie. Elles avaient l'air normales et même très sympas. Par contre, elles ont deux chiens pas commodes.

Les deux bouledogues dorment en ronflant dans l'entrée.

— Oh ! Quelle bonne surprise ! s'exclame la voisine. Que c'est gentil d'avoir sonné ! Oh ! Quelle bonne idée pour des Français de venir habiter à Palo Alto ! Oh ! Comme vous vous plairez, ici ! Quels enfants charmants ! Oh ! Quels jolis prénoms ! Et comment allez-vous passer Noël, si loin de votre famille ? Ne dites pas non, c'est si naturel ! Non, rien à faire, je n'écouterai aucune protestation : vous viendrez partager le repas de Noël avec nous le 25 à midi. Pas la peine de s'habiller sur son trente et un. Nous serons en famille : juste les enfants, un frère et une belle-sœur, une sœur et un beau-frère, un oncle célibataire qui viendra de Los Angeles, un ami de toujours, une voisine, si seule depuis la mort de son mari... C'est tout. Et d'ici là, bonne journée, bonne nuit, bonne installation, bonne adaptation, bienvenue, profitez bien de tout et n'hésitez pas à me demander quoi que ce soit...

— J'ai les oreilles qui sifflent, dit Caroline, une fois la tornade passée et la porte de la voisine refermée.

— Je n'ai rien compris, qu'est-ce qu'elle a dit, demande Marie.

– Il faut que je m'asseye. Je suis étourdie, dit Mme Alexandre. Et ce n'est pas le décalage horaire ! Marie ! J'ai oublié de prendre de la farine au supermarché. Va m'en chercher un paquet au petit magasin que nous avons repéré tout à l'heure en face de l'école...

– C'est loin, et je ne sais plus où il se trouve, proteste Marie.

– Tu n'as même pas trois cents mètres à marcher, à droite en sortant du jardin. Emmène ton frère, si tu veux. Voilà cinq billets d'un dollar.

Marie et Nicolas quittent la maison l'air inquiet et avancent lentement au milieu du trottoir en se retournant tous les deux mètres. Des fois que la maison disparaisse pendant qu'ils ne la regardent pas.

– Maman a dit trois cents mètres. Tu ne trouves pas que nous marchons depuis au moins un kilomètre ? demande Nicolas au bout d'un moment.

– Je ne sais pas. Oh ! Regarde, il y a écrit *Foodland* en rouge au-dessus de la porte là-bas. Nous y sommes.

Le caissier est chinois. La boutique est déserte, à part lui. Les marchandises sont en libre service.

– Le premier qui voit la farine, dit Marie.

Après dix minutes de recherches vaines :

– Maman aurait pu nous expliquer comment on dit farine en anglais, dit Marie.

Le jeune Chinois se lève de sa chaise et vient à eux.

– Vous voulez de l'aide, propose le marchand.

– No, répond Marie en secouant la tête. Je suis Française, dit-elle en français.

Le jeune homme hausse les épaules d'un air d'impuissance et va se rasseoir.

Tout à coup, la farine est là sur la planche du haut : il y a des paquets blancs, des gris, des jaunes, des petits, des grands... Marie se saisit d'un paquet blanc où est dessiné un épi de blé et va à la caisse tendre la farine et ses dollars. Pendant que le garçon tape le prix sur les touches de sa caisse enregistreuse, Nicolas donne un coup de coude à sa sœur.

– Tu as vu ? murmure-t-il.

Il montre du doigt l'affichette épinglée au mur juste au-dessus de la caisse. En haut de la page, il y a écrit en énormes caractères gras : *Wanted*, un mot que Marie et Nicolas connaissent bien car ils ont vu beaucoup de films de cow-boys où des affiches disaient *Wanted*, c'est-à-dire « on recherche » ! En général, le reste de l'affiche offrait le portrait inquiétant d'un ou deux individus que personne ne souhaiterait rencontrer la nuit au coin d'un bois...

En dessous de ce *Wanted*-là, deux visages rebondis d'hommes bruns aux grosses moustaches tombantes, la barbe mal rasée, fixent Marie et Nicolas de leurs regards cruels.

Ont-ils volé dans ce magasin ? Ont-ils assassiné l'ancien propriétaire de l'épicerie ? Ont-ils cambriolé les jolies maisons du quartier ? Pas étonnant, elles n'ont ni murs ni clôtures... Rôdent-ils encore dans le coin ? Fascinés par ces deux visages redoutables, les deux enfants restent plantés devant la caisse, sans penser à récupérer farine et monnaie.

— Ça n'est pas très rassurant, dit Marie sur le chemin du retour.

— J'espère qu'ils les ont déjà arrêtés, dit Nicolas.

— Papa a dit qu'on ne se promène jamais à pied ici, dit Marie.

— Je comprends pourquoi, dit Nicolas, avec tous les gangsters qui rôdent...

— Ce sont des Mexicains, dit Marie. Tu ne trouves pas que le chauve ressemble au sergent Garcia ?

— Oui, mais il fait plus peur...

Une voiture avance au loin dans leur direction. Elle roule très lentement, comme si ses occupants cherchaient une adresse ou une place de stationnement.

— Tu as vu cette grosse voiture, murmure Nicolas. On dirait qu'ils nous regardent...

— Et s'ils voulaient nous enlever... Tu te souviens, le lait, au supermarché ?

Une des marques de lait, en effet, montrait sur la face arrière de chaque carton une photo d'enfant, sa description, ainsi que le lieu et la date de la disparition. Mme Alexandre avait refusé de prendre ce lait, disant que ces photos d'enfants perdus couperaient l'appétit de chacun à la maison...

Marie n'a plus de jambes. Nicolas se dit qu'il va faire pipi dans son pantalon : la grosse voiture jaune, large comme une péniche et cabossée sur le côté s'est arrêtée à leur hauteur.

Le chauffeur est en gilet de corps. Après avoir arrêté son moteur, il se recoiffe en se regardant dans le rétroviseur. Ses cheveux sont noirs, rares au sommet du crâne, frisés et touffus au-dessus du cou.

– On traverse, dit Marie. Vite.

Au moment où ils descendent du trottoir, le passager à côté du chauffeur ouvre sa portière et sort de la voiture. Va-t-il les attraper ? Ses cheveux sont dissimulés sous une casquette rouge, on ne voit pas sa bouche tellement sa moustache brune est épaisse.

– Les Mexicains ! dit Nicolas en s'accrochant au pull de sa sœur.

– Il faut courir, murmure Marie.

– J'ai trop peur, dit Nicolas. Combien reste-t-il de numéros avant la maison ?

Justement, elle est là, la maison. Ils étaient tellement préoccupés, tellement terrorisés, qu'ils allaient la manquer.

Sur le pas de la porte, leur mère installe un paillasson et Caroline s'amuse à appuyer sur la sonnette, car au lieu du ding-dong traditionnel, celle-ci vous chante les seize premières notes de *Frère Jacques*.

– Rentrez vite, crie Marie en poussant sa mère à l'intérieur de la maison. Il y a des dangereux malfaiteurs dans la rue. Ils ont déjà tué... Il faudrait appeler la police.

– Quoi ? dit maman. Qu'est-ce que tu racontes ?

– Chut ! Ils sont à moins de vingt mètres. *Wanted*. On les a reconnus. Ils ont l'air très méchants.

Mme Alexandre se retourne.

– Vous parlez des deux jardiniers qui sortent une tondeuse et une débroussailleuse de leur grosse camionnette jaune ? demande-t-elle à Marie et Nicolas qui restent collés l'un contre l'autre sur la terrasse.

JOYEUX NOËL
CALIFORNIEN

C'est Noël. Un drôle de Noël sans neige et sans froidure, car il fait quelque chose comme 22° dehors.

Un Noël sans vitrines regorgeant de foies gras, de saumons fumés, de boudins blancs, de chocolats, de bûches de Noël, car ici non seulement il n'y a pas de vitrines, mais il n'existe pas de menu spécial pour Noël comme en France.

Un Noël sans grands-parents, cousins, cousines... Mais un Noël quand même, Noël californien que la famille Alexandre s'apprête à fêter comme il faut.

Le décalage horaire continuant à faire ses ravages, personne, la veille au soir, n'a été capable de tenir debout jusqu'à minuit. C'est donc au petit déjeuner du 25 décembre qu'ont lieu les échanges de baisers et de cadeaux.

Un grand sapin de deux mètres de haut, venu tout droit des collines qui bordent le Pacifique, clignote de tous ses feux dans la *family room*. Des paquets de diverses tailles et couleurs attendent sous les branches que des mains impatientes viennent les déchirer.

Le Père Noël, cette année, a fait dans l'électronique : Caroline déballe un petit téléviseur couleur pour sa chambre (ici, ils ne coûtent rien, ou du moins pas grand-chose, beaucoup moins cher que des patins à roulettes). Marie accroche à sa ceinture et pose sur ses oreilles les éléments de ce qu'on devrait appeler en France – francophonie exige – un baladeur, mais que tout le monde, Américains comme Français, vous comme moi, appelons un *walkman*. Nicolas sort d'une boîte quatre de ces petits jeux électroniques qui font « tip-tip-tip » et dont l'écran représente soit des joueurs de foot en action, soit des cuisiniers essayant de rattraper des crêpes dans leur poêle, soit des missiles sur le point de détruire une base, etc., etc.

M. et Mme Alexandre sortent d'une caisse le cadeau qu'ils se sont faits (et que sans doute, ils vont revendre avant deux ans), une mini-chaîne haute-fidélité permettant d'écouter des disques laser.

Mme Alexandre a préparé un vrai petit déjeuner à l'américaine, aussi abondant que celui de l'hôtel de San Francisco. M. Alexandre, un verre de jus d'orange à la main, porte un toast à la Californie, souhaite à chacun bonheur et réussite au pays de l'or, des oranges et des puces (pas celles qui grattent, celles des ordinateurs...). A Caroline, il souhaite de trouver des amis, des professeurs compréhensifs et un bon cours de danse. A Marie, que l'anglais n'ait plus de secret pour elle, ni la recette des *brownies*, petits gâteaux au chocolat dont elle raffole. A Nicolas, de parvenir à apprivoiser les écureuils du jardin ainsi que le raton laveur qui vient chaque nuit faire un sort à leurs poubelles...

A midi pile, la famille s'engage à la queue leu leu dans l'allée des voisins.

Leur maison est en brique rouge et en bois, très longue, avec de nombreuses baies vitrées. Le jardin consiste en une pelouse d'un vert anglais, au milieu de laquelle trône un palmier. Au bord d'un petit bassin dont le jet d'eau glougloute, un faux canard en plâtre semble prêt à plonger.

La sonnette chante les premières mesures de l'hymne national américain. La porte s'ouvre immédiatement. Mme Wilkinson enveloppée dans un tablier de cuisinière professionnelle, lève les bras pour leur souhaiter bonjour, *Happy Christmas* et les remercier d'être venus. Elle pousse des cris de joie et de protestation quand M. Alexandre lui tend deux bouteilles de champagne *made in France.*

Elle les attire à la cuisine où tous ses invités sont rassemblés, debout autour du comptoir, un verre de quelque chose à la main.

– Mon mari, Brant, mes filles, Brooke et Beckie...

Les voilà donc les deux fillettes annoncées par Marie et invisibles jusqu'à maintenant. Deux grandes blondes comme seule la Californie sait les faire (avec peut-être la Suède). De ces blondes aux cheveux lisses et abondants dont la coupe au carré tombe au millimètre près au ras des épaules. Yeux bleus pour l'une, marron clair pour l'autre. De longues mains aux ongles bombés, longs et peints en rose pâle. L'une porte une minuscule jupe rayée sur des collants noirs brillants, l'autre un jean très large avec une ceinture bouffante et des bretelles élastiques.

Caroline n'a jamais rencontré des filles aussi « classe ». Que ne donnerait-elle pour leur ressembler, pour être l'une d'elles ou les deux à la fois ! Jamais elle n'a autant regretté d'être elle-même, une petite fille de 36 kilos, 1,43 m, aux cheveux désespérément châtains, au teint ignominieusement rose, les ongles courts, et même un peu rongés... Sans parler du pantalon et du chemisier qu'elle porte aujourd'hui. Des habits nuls que sa mère a achetés avant-hier sans la consulter.

Les deux belles saluent la famille Alexandre d'un signe de tête et d'un *hi !* (prononcez « Haïe »), comme on dit ici en guise de bonjour.
– Beckie, dit Mme Wilkinson en montrant l'aînée de ses filles, a étudié le français l'an dernier, mais cette année, elle ne l'a pas continué, elle a préféré s'inscrire au cours d'artisanat.

Caroline se dit qu'elle n'a pas dû comprendre la phrase de la voisine : comment pourrait-il exister une école qui vous laisse abandonner une langue vivante au bout d'un an, et surtout qui accepte de la remplacer par un cours de travaux manuels !

Avant de passer à table, les uns et les autres restent à bavarder, tassés dans la cuisine encombrée, ce qui semble curieux aux

Alexandre, car la maison ne manque pas de salles de réception ni de sièges confortables.

Beckie, priée par sa mère de prononcer quelques phrases de français apprises l'an dernier, fait une moue, et dit que non, décidément, elle n'a rien retenu.

– C'était trop difficile ! soupire-t-elle. Et le professeur très ennuyeux.

Cela promet pour la conversation pendant le déjeuner : en effet, on a dressé dans la bibliothèque une table spéciale « enfants » pour les trois petits Alexandre, les deux fillettes blondes, et leurs cousins, deux garçons annoncés mais pas encore présentés, car ils sont en train de dévaler les rues de Palo Alto sur leurs planches à roulettes. Si personne ne parle français, vu la pauvreté de l'anglais de Marie, la nullité de celui de Nicolas, Caroline va avoir du mal à faire à elle seule les frais de la conversation avec les quatre autres ! Elle a quelques phrases toutes prêtes, si on lui demande son nom, son âge, son pays, son groupe de rock préféré, et ce qu'elle veut faire plus tard.

Les voilà tous les sept installés autour de la table ronde. Sourires, silences, mimiques pour indiquer aux uns et aux autres où s'intaller.

Les cousins ont onze et treize ans. Blonds comme paille, eux aussi, mais tout petits : c'est à peine s'ils arrivent au niveau des épaules de Brooke et Beckie. Ils n'ont jamais appris le français ; pire encore, ils n'ont pas idée où se trouve ce pays. L'Europe, oui, l'aîné, Ben, en a entendu parler : cette année, son école va organiser une excursion de ski quelque part en Europe.

– Souisse ? Ça existe ? Souisse ! C'est cela.

Il va s'y rendre aux vacances de printemps. Ses parents l'ont inscrit sans lui demander son avis.

– J'aurais préféré qu'ils me donnent l'argent du voyage pour remplacer mon *skateboard*; il est complètement mort, s'esclaffe Ben.

Allez donc expliquer cela à des parents de cette génération !

Mme Wilkinson vient les servir en dinde, en légumes, en sauces de toutes les couleurs. Elle remplit les assiettes à ras-bord, et s'en va en leur recommandant d'aller se resservir dès qu'ils auront fini. Chacun des enfants se met à manger, l'œil rivé à son assiette dans un silence qui commence à devenir gênant.

– Comment est l'école en Amérique ? demande Caroline.

Elle parle bas car elle est peu sûre de son accent. Personne n'a compris sa phrase. Elle doit la refaire deux fois, avec des intonations différentes pour qu'ils comprennent. Mais une fois qu'ils ont compris, voilà les réponses qui fusent à une seconde d'intervalle. Pas facile pour Caroline de s'y retrouver :

– *School is hell !* crie Ben en se frappant la poitrine à la manière des gorilles de montagne.

– *School is cool...* dit Beckie.

– *School sucks...* lance en faisant une grimace le plus jeune des garçons.

Caroline n'a pas compris une seule des quatre expressions. A observer les visages de ses compagnons, elle a bien sûr deviné que les garçons haïssaient l'école, tandis que les filles ne s'y trouvaient pas mal.

– Vous n'aimez pas l'école, dit-elle en regardant les garçons.

– Il n'y a que les *nerds* pour aimer l'école, jette Ben, et son frère approuve de la tête avec enthousiasme.

Nerds, sucks, autant de mots qu'elle n'a jamais entendus dans la bouche de ses profs d'anglais. A-t-elle une petite chance de les trouver dans le nouveau dictionnaire que son père lui a offert avant de partir ?

– Ne les écoute pas, dit Brooke. Avec eux, tout ce qui n'est pas *skateboard* est l'enfer. *School is hell, family is hell,* et même la musique et la danse... Et si tu as le malheur de bien travailler en classe, ils te traitent de *nerds* et même d'autre chose que je ne peux pas répéter...

Elle et sa sœur pouffent de rire en pensant au mot en question. Caroline s'apprête à demander une foule de renseignements sur l'école : sur les profs, les punitions, les devoirs, elle a une longue enquête à mener, mais son élan est coupé net. L'heure n'est plus aux bavardages : Ben sans demander aux autres leur avis, va allumer le poste de télévision.

Chacun se retrouve en pays connu : la série sur laquelle ils tombent et qu'ils vont écouter sans échanger un mot jusqu'à l'heure de se séparer, était diffusée sur la première chaîne française en fin d'après-midi : l'une de ces séries que M. et Mme Alexandre leur reprochaient de regarder, à une heure où ils auraient dû faire leurs devoirs.

A cinq heures – la nuit commence à tomber – la famille Alexandre réintègre sa maison.
– Je suis morte, dit Mme Alexandre. Qu'on ne me demande plus de m'exprimer en anglais ni d'en écouter pendant vingt-quatre heures.
– Moi, je ne veux plus voir ni entendre de télévision pendant une semaine, dit Caroline. Je n'ai rien contre mon cadeau de Noël, mais j'ai eu droit à une série débile de deux heures de l'après-midi jusqu'à cinq !
– Comment peut-on parler de golf aussi longtemps, s'exclame M. Alexandre. A la fin, je n'essayais même plus d'écouter ni de comprendre...
– *Other people is hell !* * soupire Caroline qui a retenu la formule de Ben, et a bien l'intention de la resservir à toutes les sauces.
L'enfer c'est aussi d'avoir trop mangé et de se sentir dix kilos au-dessus de son poids de croisière.

* « L'enfer, c'est les autres. »

UN ENTRETIEN CATASTROPHIQUE

Le problème des écoles est sur le point d'être résolu ; les renseignements sont pris. Il n'y a plus que les inscriptions à faire, le jour de la rentrée de janvier.

Nicolas et Marie ont de la chance : il existe à Palo Alto une école franco-américaine qui fait à la fois jardin d'enfants et établissement primaire. Ils pourront continuer leur année scolaire sans être trop dépaysés.

Pour Caroline, il en va tout autrement : il n'existe pas d'école secondaire française sur place. Pour aller au lycée français de San Francisco, il faudrait prendre un car à six heures trente du matin, à l'autre bout de Palo Alto... Le soir, elle ne serait pas chez elle avant six heures, avec encore une série de devoirs à faire pour le lendemain... « Pas question ! » ont dit les parents.

Ils ont trouvé dans le quartier, à cinq minutes en voiture ou à bicyclette une *junior high school* qui leur semble idéale : entourée de terrains de sports, petite, elle a moins de deux cents élèves de douze et treize ans. Un peu comme un collège qui n'aurait que des classes de cinquième et de quatrième.

Dans le système scolaire américain, entre la maternelle et la terminale, il existe douze classes. Mais alors qu'en France, au fur et à mesure que vous grandissez, le numéro de votre classe va en diminuant, ici, vous commencez par la première et finissez vers dix-sept ans en douzième.

Caroline devrait se retrouver en septième. Pour elle, c'est un véritable cauchemar qui va en s'épaississant au fur et à mesure que s'égrènent les jours de vacances et qu'approche la rentrée.

31 décembre, premier de l'an, que l'on fête à peine ici, toute la vedette revenant à Noël. 2 janvier... Caroline ne dort plus, ne rit plus, et vit dans l'insoutenable anxiété de se réveiller un jour au 4 janvier...

Ce qui ne tarde pas.

Après être allée inscrire et déposer Marie et Nicolas à l'école bilingue, Mme Alexandre revient prendre Caroline à la maison pour se rendre avec elle à l'école du quartier.

Caroline est dans tous ses états : elle n'arrive pas à se coiffer. Ses cheveux aujourd'hui partent dans tous les sens. Elle se regarde dans la glace, désespérée : ses yeux sont minuscules, ses paupières gonflées (bien sûr, elle n'a dormi que quelques heures cette nuit), elle se trouve le teint gris.

Après avoir aspergé sa chevelure pour la rendre plus lisse, elle constate que ses cheveux plaqués accentuent la minceur déjà catastrophique de son visage.

Elle a déjà changé quatre fois de tenue, n'arrivant pas à choisir entre une jupe plissée ou un pantalon, entre un pull à rayures ou un col roulé rouge... Elle revoit l'allure de ses deux voisines, et opte pour un jean noir et un polo turquoise...

– Prends à tout hasard le certificat de ton ancien collège et tes derniers bulletins, lui dit sa mère. Et puis allons-y, ou nous finirons par tomber en plein déjeuner.

L'école consiste en six ou sept petits bâtiments bas aux toits pointus, ressemblant à des chalets ou à des maisonnettes, dispersés sur deux hectares environ de terrains de sport. Le bureau d'accueil est situé au bout du parking. Un drapeau américain flotte devant, ainsi qu'une banderole représentant un gros Viking moustachu. *EGAN SCHOOL*, est-il écrit, École des Vikings. Sur le mur d'un des bâtiments, au loin, est dessiné un drakkar.

Pour une inscription, leur explique la secrétaire, le futur élève doit avoir un entretien avec la conseillère des études. Celle-ci est prise, momentanément, mais pourra les recevoir dans une heure. Elle note le nom de Caroline, sa nationalité car l'accent de la mère et de la fille ne lui a pas échappé, et leur demande de revenir vers onze heures et demie.

La conseillère les attend dans le petit bureau d'accueil. Cheveux courts, la cinquantaine, des lunettes. On la verrait aussi bien dans un collège français ; Caroline pourtant se sent intimidée au-delà de tout.

La femme entraîne la mère et la fille dans son bureau, derrière le secrétariat. Un bureau qui tient de la cuisine, de la salle à manger, et de l'entrepôt de libraire : il y a un évier, un réfrigérateur, un réchaud et une cafetière électrique ; une grande table ronde trône au milieu de la pièce, et des piles de livres s'étalent partout : contre les murs, sur des chaises, sur deux petits bureaux, par terre...

Caroline et sa mère sont assises à la table ronde, et la conseillère, Mme Mansell, leur distribue des livrets et feuillets de toutes couleurs.

– Vous trouverez là-dedans les explications dont vous avez besoin pour connaître le fonctionnement de l'école, et son règlement. Voici nos horaires, les matières enseignées, le plan des lieux, la liste des élèves avec leurs adresses et numéros de téléphone, la liste des professeurs...

Elle leur laisse un peu de temps pour feuilleter cette documentation, puis, regardant Caroline au fond des yeux, demande :

– *Do you speak English ?*

Si Caroline avait pu faire disparaître par un tour de magie sa mère avant qu'elle n'ouvre la bouche !

– Caroline a eu la chance en France, de faire partie des classes d'enseignement bilingue anglais-français, dit Mme Alexandre au grand désespoir de sa fille qui lui jette de noirs regards de reproches. Elle étudie l'anglais depuis cinq ans...

– Alors nous allons avoir notre petit entretien en anglais, dit Mme Mansell. Caroline, je voudrais à la fois tester ton niveau d'anglais, et choisir avec toi tes futures matières d'enseignement. Mais d'abord, quel âge as-tu ?

Caroline regarde sa mère. Elle n'a pas compris un seul mot dans la série de phrases de la conseillère. Elle s'appliquait tellement à écouter les sons, à regarder bouger la bouche de Mme Mansell, qu'il ne lui est rien resté du sens des mots.

Elle se sent la gorge sèche, avec comme une boule au fond.

– Tu as compris, Caroline ? dit Mme Alexandre. Réponds, ma chérie.

– Mais qu'est-ce qu'elle a dit, murmure-t-elle.

– Je reprends, dit Mme Mansell en parlant très lentement et en articulant comme si elle essayait de parler à un sourd.

Caroline finit par comprendre qu'entre autre, on lui demande son âge. Mais voilà qu'elle ne sait plus si elle doit dire douze ou treize, car son anniversaire est le 31 janvier, presque demain. Et puis tout se mélange dans sa tête, nombres ordinaux, cardinaux et autres finesses de la langue anglaise. Elle finit par répondre l'équivalent de :

– Je suis treizième.

La conseillère comprend quand même, mais

en conclut que le niveau de Caroline exige une diction plus lente encore.

– Où ha-bi-tiez-vous-en-France ? articule-t-elle en anglais la bouche déformée par son effort de clarté.

Caroline, une fois de plus, regarde sa mère. Doit-elle dire Paris, ou Chevry ? Chevry fait partie de la banlieue parisienne, et pour une Californienne, Paris et la banlieue, c'est la même chose. Elle voudrait dire « à côté de Paris », mais voilà, elle ne sait plus dire « à côté ».

– A Paris, dit-elle enfin.

– Donc, vous vi-viez dans u-ne gran-de vi-lle, dit la conseillère en écartant les bras pour mimer la grande ville.

Caroline un peu au hasard dit *Yes,* suivi aussitôt de *No*.

– Tu as compris la phrase ? dit sa mère. Est-ce que nous habitions une grande ville ?

La tête de Caroline est une bouilloire. La réponse est « oui », si elle considère qu'elle habitait Paris. Mais c'est un mensonge. Chevry était un grand lotissement, pas une ville. Ni un village, du reste. Ni un bourg, ni un hameau. Comment appeler ce genre de résidence moderne ?

Mme Mansell décide de tenter sa chance ailleurs.

– Quand êtes-vous arrivés en Californie ? dit-elle avec un sourire pour montrer qu'elle pardonne le cafouillage précédent.

Caroline a reconnu le mot Californie. Est-ce

qu'on lui demande comment elle trouve la Californie ?

– La Californie est belle, dit-elle.

Mme Alexandre voudrait s'enterrer vive, disparaître de ce bureau, n'avoir jamais eu de fille...

– Non, dit avec un ton patient Mme Mansell. J'ai demandé : QUAND AVEZ-VOUS FAIT LE VOYAGE ?

– Quand sommes-nous arrivés ici, Caroline, souffle Mme Alexandre.

– Ah ! dit Caroline.

Et voilà qu'elle se retrouve avec le même problème que tout à l'heure. Dit-on le 20 décembre ou le vingtième de décembre, en anglais ?

– Vingt, dit-elle sans plus d'ornement.

Le sourire de Mme Mansell se fige un peu. Elle continue pourtant :

– Et par quel moyen de transport êtes-vous venus ici ?

Caroline jette un regard hagard à sa mère.

– Caroline ! supplie celle-ci. Comment avons-nous voyagé pour venir aux États-Unis...

– En voiture ? poursuit la conseillère. En vélo ? En avion ? En bateau ?

– En avion, finit par répondre Caroline après trente secondes d'hésitation.

Après tout, le trajet de San Francisco à Palo Alto s'est fait en voiture. Doit-elle aussi en parler ?

– Passons aux choses sérieuses, dit Mme Mansell en se levant.

Et en français, avec un accent pas si mauvais que cela, elle demande à Caroline :

– Quel est ton niveau en mathématiques ? Qu'as-tu étudié cette année ?...

Le reste de l'entretien se poursuit en français. Quelle surprise, et quel soulagement ! Encore que de temps en temps des erreurs de prononciation ou d'accentuation de la part de Mme Mansell rendent les mots difficilement identifiables. A elles deux, Caroline et sa mère arrivent à répondre aux questions, et un programme d'études est arrêté pour le reste de l'année scolaire de Caroline.

Dehors, des garçons et des filles circulent, discutent, s'interpellent. Une sonnerie vient de retentir. Après la pause du déjeuner, les activités scolaires vont reprendre.

– Attendez un instant, dit Mme Mansell en sortant de la pièce.

Elle revient peu après, accompagnée d'une fille blonde évidemment.

– Caroline, voici Nancy. Nancy, Caroline est nouvelle. Elle arrive de France. Veux-tu lui faire visiter l'école. La secrétaire te donnera un billet pour retourner en classe après la visite...

Caroline se lève l'œil inquiet. D'avoir à suivre cette inconnue et laisser sa mère l'affole un peu. Elle essaie de deviner si Nancy est mécontente ou heureuse de remplir cette corvée.

— Où vais-je te retrouver après, maman, demande-t-elle angoissée.

— Ta maman t'attendra ici, précise la conseillère. J'ai des tas de papiers à lui faire remplir...

Au pas de course, Nancy lui fait traverser le parking et l'entraîne dans un bâtiment carré. A l'intérieur, des garçons jouent au basket. Des ballons jaillissent dans tous les sens.

— Ici, les vestiaires des filles et les douches, montre Nancy.

Les revoilà dehors. Le soleil est éblouissant. Elles traversent un terrain qui ressemble à un pré, bordé de tribunes à droite, et dont une extrémité est limitée par de hauts grillages.

— Terrains de base-ball, de football, de basket-ball explique Nancy.

Un peu plus loin, Caroline aperçoit deux terrains de tennis. Elles approchent du bâtiment où est dessiné le drakkar viking.

— Bâtiment des sciences, annonce Nancy. Il y a trois salles de classe et deux laboratoires.

En face, à une centaine de mètres, un autre édifice de la même taille :

— Ici, les salles d'art : celle de peinture et histoire de l'art, celle d'artisanat. Voilà la classe de chorale. Les cours d'orchestre ont lieu au bout, dans la dernière pièce.

Elles visitent encore les locaux réservés à l'histoire et à la géographie, qu'on appelle ici *Social studies*. Ceux des cours de langues vivantes. Mathématiques et anglais se partagent six salles du bâtiment du fond.

Dans l'espace compris entre ces différents locaux, sous des arbres centenaires, sont installées de grandes tables bordées de bancs. On se croirait dans une aire de pique-nique de la forêt de Fontainebleau.

– C'est ici qu'on déjeune, dit Nancy.

– Toute l'année à l'extérieur ? demande Caroline, les yeux ronds.

– Oui, pourquoi ? s'étonne Nancy. Puis elle ajoute : quelquefois, il pleut. Alors nous emportons notre déjeuner dans le gymnase. Il sert à tout et n'importe quoi, le gymnase : pour danser, pour les réunions, les concerts, et les foires... La bibliothèque est dans le même bâtiment que le secrétariat, le bureau du Principal, et la pièce à tout faire de la conseillère.

Au moment de remettre Caroline entre les mains de sa mère, Nancy, un doigt sur la bouche, dit :

– Mon Dieu ! J'ai oublié le plus important : le magasin de l'école. Viens !

Bizarre : Caroline comprend tout ce que dit Nancy. Si seulement il avait pu en être de même pendant l'entretien avec la conseillère ! Elle arrive même à lui poser des questions, à faire des petits commentaires...

Le magasin de l'école est une sorte de grand cagibi où sont empilés, dans des placards, sur des étagères, et même dans un grand réfrigérateur, des friandises, des boîtes de soda, des paquets de biscuits et de chips. La porte, comme celle des écuries de chevaux est coupée en deux. Pour se faire servir, les clients n'ont pas besoin d'entrer. L'élève de service ouvre la moitié supérieure de la porte et s'adresse aux clients comme depuis un guichet.

Nancy explique que le magasin est ouvert pendant la récréation du matin et le temps du déjeuner. Mais attention de ne pas traîner pour s'y rendre : la queue peut être immense. Quelquefois, elle traverse entièrement le coin piquenique.

La visite est terminée. Nancy dit au revoir avec un sourire qui a l'air sincère.

– A bientôt, dit Caroline.

Sa mère a fini de remplir les questionnaires de santé. Après sa conversation avec la conseillère puis avec le Principal de l'école, elle commence à comprendre l'organisation des cours dans une *junior high school* américaine. Si Caroline savait tous les changements qui l'attendent...

– Tu ne commences que demain, ma fille, dit-elle à Caroline en la retrouvant. Viens, on a jusqu'à trois heures et quart pour goûter les glaces et les gâteaux des cafeterias de Palo Alto. A trois heures et quart, il sera l'heure de cueillir Marie et Nicolas après leur première journée de travail.

Caroline suit sa mère, mais après les souffrances qu'elle a endurées et la honte de sa vie, elle sait que même une montagne de gâteaux, même un océan de glaces ne viendront à bout de la haine qu'elle éprouve pour elle-même. Elle s'est montrée *ridicule*.

C'est devant une glace royale, – trois boules vanille, chocolat, pistache, recouvertes de fraises, cerises et framboises au sirop, elles-mêmes surmontées de crème chantilly, celle-ci saupoudrée d'amandes, de noisettes concassées et de cacao à la menthe – que Caroline a appris l'horreur.

La conseillère d'éducation ayant jugé le niveau d'anglais de Caroline un peu faible pour pouvoir se débrouiller comme n'importe quel élève de septième né en Amérique de parents américains, elle l'a inscrite au cours d'anglais pour élèves non anglophones, à raison de deux séances par jour. C'est cette nouvelle, que sa mère lui annonçait comme une bonne nouvelle, qui a mis Caroline au trente-sixième dessous !

– Ils ne peuvent pas me faire ça, ne cesse-t-elle de répéter en secouant la tête comme fait un chien qui sort de l'eau...

Elle revoit ce qui dans ses différents établissements scolaires en France, s'appelait « la classe non francophone ». La classe que les Autres, tous les Autres sans exception, méprisaient, ignoraient, avec la meilleure conscience du monde. Classe peuplée d'enfants d'émigrés, de réfugiés du Vietnam, du Cambodge, d'Iran, d'Éthiopie, du Liban et autres points noirs de la planète bleue...

« Et c'est là-dedans que l'on veut me fourrer », se dit Caroline, « moi qui ai toujours été dans des classes fortes ! Plutôt mourir ! »

– Non, tu ne comprends pas, essaie de lui expliquer sa mère. Caroline, écoute-moi !

Caroline devant sa glace intacte continue à serrer les mâchoires et à agiter nerveusement la jambe droite.

– Qu'est-ce que je n'ai pas compris ?

– Dans les *high schools* américaines, il n'y a pas de classes. Il ne s'agira pas d'une classe non anglophone...

– Qu'est-ce que tu veux dire, pas de classes : tu viens de m'annoncer que j'étais inscrite dans la classe non anglophone !

– Tu ne m'as pas écoutée : tu auras deux cours d'anglais par jour avec des enfants dont l'anglais n'est pas la langue maternelle. Est-ce que l'anglais est ta langue maternelle oui ou non ?

La question ne mérite pas de réponse, aussi Caroline demeure muette.

– Il n'y a pas de classes en ce sens qu'il n'existe pas une 7e 1, une 8e 3, une 8e 7, que sais-je, dont les élèves passeraient la journée ensemble, dans les mêmes salles, avec les mêmes professeurs, à faire les mêmes exercices...

– Alors qu'est-ce qu'ils font toute la journée,

qu'est-ce que j'aurai à faire, et comment pourrai-je m'y retrouver ?

Elle se met à pleurer. Mme Alexandre écarte la coupe de glace avant que ne s'y écrase une grosse larme.

– C'est encore plus nul que je l'avais pensé, continue Caroline la voix cassée. Je ne veux pas y aller. Je ne veux pas y aller.

EGAN JUNIOR
HIGH SCHOOL

Lorsque Caroline entre dans le petit bureau d'accueil de l'école, mardi matin, pour retrouver la conseillère d'éducation comme convenu, un garçon est installé sur le banc qui longe le mur. Mme Mansell est devant eux l'instant d'après.

– Caroline, voici Adrian, un élève nouveau, comme toi. Il arrive de Roumanie. Comme vous êtes nouveaux et en 7e classe tous les deux, j'ai prévu un cours d'anglais pour vous deux seulement chaque matin à 8 h 12, avec Mme Fox. Je vais vous emmener tout de suite dans la salle de Mme Fox. Elle vous expliquera votre emploi du temps, vous montrera vos casiers, et répondra à vos questions.

En sortant du bureau, leur groupe se heurte à un homme brun, grand et massif.

– Monsieur Thom, je vous présente nos deux petits nouveaux venus d'Europe.

– Formidable ! dit M. Thom en leur tendant la main l'un après l'autre. Moi, je suis le Principal de l'école. Vous me verrez beaucoup, partout, pas toujours dans les endroits où l'on s'attend à me voir. N'hésitez jamais à venir me parler si vous avez un problème, je suis là pour ça.

Caroline reconnaît le bâtiment que Nancy

lui a présenté comme étant celui de l'anglais et des mathématiques. A l'extrémité droite, se trouve la salle de Mme Fox. Celle-ci les attend, un verre de café à la main. Elle les fait entrer dans sa petite salle qui ressemble à une cuisine car il y a un évier, un réfrigérateur, un four micro-ondes et une bouilloire électrique...

– Bonjour, dit-elle en anglais en leur tendant la main. Dans les semaines qui viennent, nous allons d'abord parler anglais, puis lire de l'anglais, et enfin, écrire en anglais. Dès que vous serez à l'aise dans ce qui est pour vous un second langage, je vous abandonnerai... Vous irez faire de l'anglais tout court – littérature, grammaire, écriture, avec les autres. Est-ce que je me suis fait comprendre ? Un peu, Caroline ? Un petit peu, Adrian ?

Les deux enfants se regardent. Caroline a saisi le sens général. Elle hoche la tête pour dire « oui ». Adrian, rien du tout. Il fait une grimace, bouche à l'envers et rides au front.

– Pas d'importance, dit Mme Fox. Asseyez-vous. Je vous explique votre emploi du temps.

Elle articule à fond, sans épargner le moindre muscle de son visage, fait de nombreux gestes, et écrit les choses importantes sur un grand tableau blanc qu'elle a divisé en deux : une moitié pour Caroline, une moitié pour Adrian.

Tous les jours de la semaine sont semblables : le lundi se déroule exactement comme le mardi, comme le mercredi, le jeudi etc... elle aura chaque jour : anglais, éducation physique, chorale, anglais, mathématiques, travaux manuels, et sciences. Le matin, les élèves arrivent tous à la même heure : 8 heures 7 minutes, pas une de plus ! Et repartent à deux heures cinquante. Pas d'heure de permanence : cela n'existe pas. Autre différence avec la France : les cours ne durent pas une heure, mais (cela fait rire Caroline) quarante-trois minutes. A bien regarder le tableau blanc de Mme Fox, les choses sont claires. Caroline note tout dans son classeur.

La journée d'un écolier d'Egan consiste en sept cours de quarante-trois minutes. Avec, de 10 h 29 à 10 h 43, collation, casse-croûte ou goûter, appelez cela en français comme vous pouvez. De 12 h 17 à 13 heures, repas de midi. Et de 13 h 4 à 13 h 20, lecture silencieuse d'un livre choisi par l'élève.

Caroline se demande si sa montre sera assez précise pour l'école. C'est une montre fantaisie, sans les heures marquées, alors les minutes !

Mme Fox les a aussi emmenés à leurs casiers : le casier semble très important dans la vie de l'écolier américain. Le mot *locker* revenait sans arrêt dans les phrases de la conseillère, et voilà que Mme Fox en fait autant.

Au collège, Caroline n'avait pas de casier, vestiaire ou placard. Chacun se déplaçait partout, toute la journée, avec son cartable plein comme un œuf, n'osant jamais le poser, ni le quitter des yeux. Qui n'avait pas un ou une ami(e) de confiance pour faire garder son cartable, était condamné à l'emporter même aux toilettes ! C'est sans doute pour cela qu'ici, ils ont ces fameux casiers...

Ils ressemblent aux consignes automatiques de gare ou de piscine ; ils ferment avec une serrure à combinaison ; ils sont numérotés et installés le long des murs arrière de chaque bâtiment, à l'abri de la pluie, car les toits des bâtiments se prolongent d'un ou deux mètres au-delà des murs.

Caroline a hérité du casier n° 111, facile à retenir, comme nombre. Adrian se retrouve avec le 102. Mme Fox fait tourner comme une magicienne les serrures à combinaison, et à la fin de l'opération, note sur un petit morceau de papier le code secret de chacun. Elle leur conseille de s'entraîner plusieurs fois à ouvrir et fermer la serrure pour ne pas perdre de temps plus tard, quand la sonnerie presse !

Elle se met à retentir, d'ailleurs, la sonnerie. Juste là, dans leurs oreilles. Panique chez les deux petits nouveaux.

– Qu'est-ce que je fais, dit Caroline.
– Où je vais, dit Adrian.
– *Easy*, dit Mme Fox. Reprenons le classeur.

Caroline doit se rendre en cours d'éducation physique. Adrian au cours de cuisine et diététique.

– Par ici, la gymnastique, montre Mme Fox. Entrée sud, celle des vestiaires de filles.

Caroline reconnaît le gymnase carré au toit

plat. Mais pour avoir une idée du sud et du nord, sans boussole, dans cet endroit nouveau pour elle, c'est encore autre chose. Elle se dit que sachant reconnaître une fille d'un garçon, elle pourra facilement déduire si elle est dans le vestiaire sud ou non !

Le professeur de gymnastique est grand, maigre avec des cheveux gris très drus. A ses pieds, un filet rempli de ballons. Caroline s'approche de lui et lui tend le petit papier donné par la conseillère.

– Bien, bien, dit le professeur. Je suis M. Logan. Quelle taille fais-tu ?

– Pardon ? fait Caroline interloquée.

– Tes mesures. J'en ai besoin pour te fournir une tenue de gymnastique.

Facile à dire, mais comment donner sa taille alors que celle-ci varie d'un pays à l'autre. Il y a des pays où l'on tient compte de la hauteur, d'autres de la largeur des épaules, d'autres du tour de hanche, d'autres où l'on compte par âge...

– Je fais du douze ans, dit Caroline en anglais de cuisine.

M. Logan fronce les sourcils.

– Demain, je te donnerai un survêtement et un short. Tu m'apporteras trente dollars.

Il se baisse pour ramasser ses ballons et crie aux filles qui commencent à sortir les unes après les autres du vestiaire :

– Eh, les filles ! C'est l'heure de perdre un ou

deux kilos. Je veux vous voir toutes avant trente secondes sur la piste de course...

Caroline reste plantée sur place.

– Qu'est-ce que je fais, où je vais ? lui crie-t-elle alors qu'il commence à s'éloigner.

– Ce que tu veux. Assieds-toi sur un des bancs et lis, ou promène-toi sur le stade. Je ne peux pas t'accepter sans affaires de gymnastique.

Il montre du doigt un petit groupe de filles qui discutent assises par terre, adossées au mur du gymnase.

– Tu n'es pas la seule à être dispensée du cours de gym...

Caroline louche vers elles. Osera-t-elle s'approcher et dire « Bonjour, je suis Caroline, une nouvelle... J'arrive de France... »

Elles sont quatre. L'une parle avec beaucup de gestes. Les trois autres boivent ses paroles.

« Je vais les déranger, se dit Caroline. Si je suis là, elles ne voudront plus se raconter leurs petits secrets. » Elle s'installe sur le banc qui longe le mur, à quelques mètres d'elles. Qui sait si, intriguées par sa présence, elles ne viendront pas lui demander ce qu'elle fait ici, qui elle est. « Tiens, le cours de gym n'est pas mixte », constate-t-elle en observant de loin M. Logan et ses élèves.

Les quatre filles rient très fort. A un moment, l'une d'elles se lève et fait des mouvements de danse classique qui dégénèrent en une danse moderne hyper-agitée. Les autres applaudissent.

Les yeux plissés à cause du soleil, Caroline examine leurs tenues : elle doit s'instruire d'urgence sur ces questions, si elle veut ressembler aux autres, et ne pas rester éternellement la nouvelle, la Française...

La voilà bien, avec ses habits flambant neufs ! Elle regarde éberluée les jeans délavés et troués, les chemisiers informes aux couleurs passées, et les chaussures avachies de ses voisines. Elle ne manque pas d'en tirer des conclusions qu'elle va mettre en application dès ce soir.

Il est 9 h 35. Caroline sait maintenant que les quatre blondes ne viendront pas vers elle. Elle fouille dans son sac à dos pour consulter son emploi du temps. De 9 h 46 à 10 h 29, elle aura chorale.

Aux quatre coins des bâtiments, des portes s'ouvrent et en jaillissent des groupes de jeunes qui s'étirent après ces quarante-trois minutes d'engourdissement. Leur sac à dos tenant à l'épaule par une seule lanière, la démarche alourdie par cette curieuse mode de porter les chaussures délacées, la languette dressée vers le ciel, garçons et filles se dirigent vers les différentes salles, l'air de savoir exactement où ils doivent aller. Ce n'est hélas pas le cas de Caroline.

– Est-ce que tu peux m'indiquer où se trouve la salle de la chorale, finit-elle par demander à

une petite fille en train de tailler un crayon au-dessus d'une poubelle.
– La salle de quoi ? dit celle-ci.
« Mon accent pourri... » songe Caroline. Elle s'applique :
– *Chorus.*
– Ah, *chorus,* reprend la petite avec un ton et une accentuation complètement différents. Viens avec moi, j'y vais...

Caroline entre dans la salle où une quinzaine de garçons et filles s'installent bruyamment. Le professeur, une femme blonde aux cheveux longs, mange une pomme en regardant par la fenêtre.

Gênée de la déranger dans son repas, Caroline se poste à un mètre d'elle et prononce un timide *hi !*
– Une nouvelle élève ! s'exclame le professeur. Très bien !
– Je viens de France, je suis Française, se dépêche d'ajouter Caroline avant que le professeur ne se lance dans des phrases compliquées.
– Merveilleux ! Formidable ! s'exclame encore la dame. Je suis Madame O'Kane, professeur de musique. Alors, tu aimes chanter ?

Caroline n'a pas le cœur de lui dire que non, elle n'aime pas spécialement chanter... C'est Mme Mansell qui a insisté pour qu'elle prenne ce cours qui fait partie des matières en option. « Le cours de chorale est excellent pour s'améliorer en anglais et faire connaissance avec les autres élèves, avait dit la conseillère. De plus, il ne demande aucun travail à la maison. » Caroline aurait préféré journalisme ou une autre langue comme l'allemand ou l'espagnol, mais la conseillère avait déclaré qu'elle aurait trop de mal. Au second semestre, peut-être, et en tout cas, à la rentrée prochaine...

– Quel genre de voix as-tu, continue le professeur de musique. Soprano ? Mezzo soprano ?

Caroline aimerait dire qu'elle n'a pas de voix, et souhaite juste écouter les autres chanter, surtout pendant les premières séances.

– Voilà Caroline ! dit-elle à la classe après avoir levé un doigt pour demander le silence. Caroline va chanter avec nous à partir de maintenant. Jeff, voudrais-tu aller faire une photocopie de nos deux dernières chansons, pour la donner à Caroline.

Un garçon brun vêtu d'un short large et d'une longue chemise à carreaux rouges et noirs se lève, l'air ravi de cette petite promenade inattendue.

– Caroline, chante-moi ce que tu veux, n'importe quoi, pour que je puisse te placer dans l'un des trois groupes.

Le sang de Caroline descend d'au moins deux degrés. On ne peut pas lui demander une chose pareille ! On lui aurait demandé de danser, passe encore, mais chanter ! Chanter seule devant ces inconnus qui ne demandent qu'à la voir se ridiculiser ! « Aux États-Unis, tu n'es jamais ridicule », lui répète sa mère à longueur de journée. « Le ridicule n'existe pas ici ! Les gens s'acceptent tous les uns les autres comme ils sont. On ne se moque pas. C'est tout juste s'ils se regardent et se voient les uns les autres... »

– Je ne sais pas de chanson, implore-t-elle pour gagner du temps.

Mme O'Kane va au piano, joue la gamme de *do,* puis la chantonne en faisant lalalala, et fait signe à Caroline d'en faire autant. Tout bas, pour que sa voix se perde dans le brouhaha de la classe, Caroline commence à chanter lalala d'un *do* grave jusqu'à celui de l'octave suivante.

– O.K. ! Très bien, parfait, dit Mme O'Kane. Va t'asseoir là.

Le petit groupe des « mezzo » dont elle fait maintenant partie a l'air sympathique : un gros garçon blond au rire facile, deux Japonaises (ou Chinoises) menues qui se ressemblent comme des sœurs, trois blondes à la californienne, Jeff et un autre garçon avec des lunettes et un bras dans le plâtre.

La sonnerie de 10 h 29 s'entend à peine : la classe est en train de chanter à pleins poumons *I'm on my way* à trois voix, accompagnée par le piano que Mme O'Kane frappe sans économiser ses forces.

Avant de sortir de la classe, Caroline vérifie dans son classeur ce que lui réserve l'avenir : quatorze minutes pour se restaurer et se détendre. Elle se sent une petite faim, justement.

Voilà à quoi servent les casiers : à ranger, entre autres, le goûter du matin et le repas de midi. Dans les écoles américaines, il n'existe pas de cantine et personne ne rentre déjeuner à la maison le midi. On apporte son repas dans une petite valise appelée *lunchbox*, et toutes les fantaisies sont permises en la matière : certaines boîtes sont décorées de dessins de Mickey, Donald, Davy Crockett, d'autres ont la photo de chanteurs à la mode, il y en a qui ressemblent à des mallettes sérieuses d'hommes d'affaires. Celle de Caroline, achetée hier dans un supermarché, est jaune fluorescent, matelassée, isotherme pour garder soigneusement froides ou chaudes la nourriture et la boisson. Mais il semblerait qu'à Egan High, la mode n'est pas de mettre ses repas dans ce genre de boîte. Personne ne sort de son casier un *lunchbox* de quelque forme qu'il soit. Virtuoses du cadenas à combinaison, garçons et filles, par dizaines, ouvrent leurs casiers et en sortent des sacs en papier d'emballage. Ils enfournent leurs cartables dans le casier, referment la porte, et vont avec leur petit sac se trouver un endroit confortable pour manger un fruit ou une barre de céréales en discutant avec les copains. C'est la pause snack.

Caroline laisse au fond de son cartable la ridicule sacoche jaune, se contentant d'en extraire des biscuits au chocolat et un berlingot de jus de fruit.

Debout, assis par terre ou sur des bancs, en

petits groupes ou en grappes, les autres rient beaucoup, ont énormément de choses à se dire, font des grands gestes, se poussent et se bousculent (surtout les garçons), et ont l'air contents d'être là.

Caroline dévore des yeux la longueur, la couleur, la forme des cheveux, des jupes et des pantalons. Elle observe les gestes, la façon de jeter la tête en arrière, de se passer la main dans les cheveux, de placer ses pieds, ses hanches et ses épaules dans la station debout... Elle attend, solitaire, la sonnerie.

M. Mac Nee, le prof de maths, a les cheveux tout blancs. Il propose à Caroline une table près de la fenêtre, fouille dans ses papiers et lui tend quatre feuillets.

– Essaye de faire ces tests, dit-il. Comme ça je connaîtrai ton niveau. La classe est divisée en deux groupes. J'ai besoin de savoir dans lequel te mettre.

Faciles, les mathématiques américaines. Pourcentages, mises en facteur, simplifications de fractions, jeux autour de la division et de la multiplication. Rien à rédiger : tout est imprimé, disposé, il n'y a que la réponse à inscrire dans un petit cadre.

Les quarante-trois minutes se passent à noircir ces quatre feuilles, pour Caroline, tandis que dans la classe règne une certaine animation. M. Mac Nee travaille avec le premier groupe, pendant que les élèves du deuxième font des exercices – ou ne les font pas – car autant que Caroline puisse en juger, quelques conversations, et deux ou trois disputes vont bon train dans le quartier des travailleurs autonomes...

A 11 h 34, anglais de nouveau pour Caroline avec tous les non-anglophones, cette fois, et non plus uniquement Adrian. Elle reconnaît les deux jumelles « Chinoises » qui étaient à la chorale.

– Moi, je suis Keiko, dit l'une d'elles. Je viens de Tokyo.

– Je suis Sakiko, dit d'une voix à peine audible sa voisine. Je suis arrivée au début du mois d'octobre d'Osaka au Japon.

Puis c'est le tour de Bonita, Mexicaine de Mexico, de Lindy, Taïwanaise, de Tomoko, Japonaise arrivant de Corée. Viennent encore Nana, de Beyrouth au Liban, Joanna, de Zurich en Suisse, et enfin Samaha, venue de Lahore au Pakistan.

Caroline est invitée à se présenter : âge, goûts, frères et sœurs... Adrian est censé en faire autant, mais il n'en a pas les moyens. Il a tout à apprendre, pauvre Adrian.

Suit une conversation où chacun est amené à prendre la parole à son tour. Le thème aujourd'hui est : la nourriture.

C'est l'heure de déjeuner. Caroline voit avec plaisir et appréhension qu'Adrian la suit. Ce sera agréable de ne pas manger seule, cette fois, mais que pourront-ils se dire ?

Adrian désigne une des tables entièrement libre, et Caroline acquiesce en s'y asseyant. Sans sortir son *lunchbox* du cartable, elle y puise un sandwich, une pomme et un jus de fruit. Adrian pose devant lui une barquette enveloppée dans du papier d'aluminium. C'est une salade de riz et de tomates. Il ouvre sa boîte de Coca-cola, et fait un sourire à Caroline avant de commencer à aspirer son soda. Caroline sourit aussi. Pour passer le temps, ils regardent la foule qui les entoure. Adrian lui montre quelque chose du doigt. Elle se retourne : la queue d'élèves devant la porte du magasin est impressionnante. Rien à voir avec une file d'attente à la française ou à l'italienne. Pas de bousculades, pas de resquilleurs. Patiemment, chacun attend son tour sans bouillir. Comme à la poste de Palo Alto où Caroline est allée avec sa mère.

Une voix s'élève, et chacun dresse l'oreille : les haut-parleurs disposés à l'extérieur de chaque bâtiment diffusent un message sans doute du Principal. La qualité du son n'est pas fameuse. Caroline ne comprend pas un mot. Adrian encore moins. Les autres se frottent les mains, se lancent des claques dans le dos, rient et semblent se réjouir de la nouvelle. Qu'est-ce que M. Thom a bien pu annoncer ?

A 13 h 4, elle entre dans la salle d'artisanat. Avant de commencer le cours, les élèves ont seize minutes de lecture silencieuse. Garçons et filles s'installent, sortent de leur cartable un livre de poche, pour la plupart, et se mettent à lire.

Caroline va trouver le professeur, une femme petite aux cheveux frisés, et lui tend son papier.

– Très bien Caroline, ravie de t'avoir à mon cours. Eh, les jeunes, lance-t-elle à la classe déjà plongée dans la lecture. Vous avez une nouvelle camarade, Caroline, à partir d'aujourd'hui. D'où viens-tu, Caroline ?

– De France, dit Caroline. Je vivais à Paris.

– Quoi ? Paris en France ? s'exclament plusieurs élèves étonnés.

– Ce doit être un grand changement pour toi, dit le professeur.

Elle cherche parmi ses rayonnages de livres, et sort un volume qu'elle remet à Caroline avec un sourire.

– C'est sur les châteaux de la Loire, dit-elle. Ça te rappellera des souvenirs !

Le cours de travaux manuels se passe à coller des petits bouts de laine sur une surface carrée en carton. « Pas mieux que les travaux manuels au collège Jean Racine, songe Caroline. Quand nous lâcheront-ils avec ces ridicules bouts de laine, de ficelle, de raphia et fil de fer... »

La dernière séquence a lieu en salle 10 du bâtiment 1, celui des sciences.

La sonnerie de 2 h 50 la libère de ce cours plutôt ennuyeux. Elle n'a jamais aimé les sciences. Mais ces histoires de sols, de sous-sols et de roches sont encore moins attrayantes que la locomotion du chat ou le système respiratoire de la grenouille.

Sa mère l'attend au parking, impatiente de savoir comment tout s'est passé. Caroline ne se sent pas encore d'humeur à entrer dans les détails. Prise par l'action, la nécessité de se débrouiller, elle-même ne sait pas si sa journée d'école a été bonne ou non. Elle s'est passée. C'est déjà énorme.

Et il n'est que trois heures moins dix. Une autre journée peut commencer.

BALEINES BLEUES
ET SOLITUDE

Le week-end a fini par arriver. Repos bien mérité après une fatigante semaine d'adaptation à la vie américaine.

Ce n'est pas que le rythme scolaire soit intense, pour Caroline : elle a quatre fois moins de devoirs à faire à la maison qu'en France. A trois heures, chaque après-midi, la voilà libre comme l'air. C'est un peu là le problème : tout ce temps et ne pas savoir comment en profiter...

– Promène-toi, lis, regarde la télévision, va voir les petites voisines, lui dit sa mère. Je ne comprends pas que l'on puisse s'ennuyer à ton âge dans un pays pareil !

Marie, elle, est très occupée : ses cours se terminent un peu plus tard, et elle revient avec une ou deux heures de travail à faire à la maison. Comme elle a commencé une collection de feuilles, une autre de photos d'animaux qu'elle prend elle-même avec son polaroïd, et qu'elle écrit une lettre par semaine à chacune de ses amies de Chevry, elle n'a pas le temps de s'ennuyer.

Nicolas est au paradis. Ce jardin plein de lézards, d'écureuils, de chats – on dirait que chaque maison de Palo Alto abrite un chat – est une mine d'occupations pour lui. Le jardin de derrière donne directement sur la colline, et après avoir escaladé une petite barrière en bois, on se retrouve en pleine nature. Il appelle cela sa jungle : il y a des arbres à escalader, un ruisseau où tomber, quelques trous qui feraient de bons pièges à fauves, le rêve. Sans parler de la piscine et de son plongeoir.

Le samedi, M. et Mme Alexandre ont prévu une promenade en voiture vers une baie du Pacifique où tous les ans, de janvier à avril, un grand nombre de baleines femelles se reposent avant de filer vers le Mexique donner naissance à leurs petits. De la côte, on ne les voit pas, mais de nombreux petits bateaux emmènent les touristes voir nager, tourner, virevolter les baleines dont les jets d'eau et les coups de queues spectaculaires font pousser à tous des « Ho » et des « Ha ».

– A quelle heure partons-nous ? demande Caroline après le petit déjeuner.

– Vers onze heures. La côte est à une demi-heure d'ici. Nous déjeunerons là-bas dans un des restaurants du port, et nous prendrons un bateau juste après... Il y a des départs toutes les heures.

– Alors j'ai le temps, dit Caroline sans préciser de quoi.

Il vaut mieux qu'elle n'en dise rien, d'ailleurs. Hier, au garage, elle a repéré une bouteille d'eau de javel parmi un lot de produits d'entretien. C'est que sa garde-robe a besoin d'un petit coup de jeune : même en empruntant à sa mère des pulls et des T-Shirts qui lui arrivent aux genoux, et à son père des chemises et polos qui font deux fois son tour d'épaules, elle n'est pas encore dans le ton.

La salle de bains qu'elle partage avec Marie et Nicolas a deux lavabos. Parfait : dans le premier elle met ses pantalons qu'elle recouvre d'eau froide puis d'une rasade d'eau de javel. Dans le second, elle vide le reste de la bouteille et entasse ses pulls en coton, son chemisier, ses polos. En rentrant de l'excursion, elle n'aura qu'à rincer puis mettre à sécher le paquet de linge...

La promenade a été réussie : le temps s'est maintenu au beau, malgré un peu de vent ; le restaurant du port ne manquait pas de charme – on se serait cru en Bretagne – et les baleines étaient bien là, avec leurs dos luisants d'un noir presque bleu, et leurs jets d'eau comme dans les livres de photos. Le bateau a beaucoup dansé, mais personne parmi la douzaine de passagers n'a eu le mal de mer.

C'est à la maison, vers cinq heures du soir, quand Mme Alexandre est tombée sur la soupe de vêtements mis à tremper par Caroline, que les choses ont viré à l'aigre, et que le week-end a pris une vilaine tournure.

Et sa mère n'a pas encore vu ses tennis et ses mocassins de cuir blanc : avec des feutres de couleurs rouge, turquoise, bleu marine et jaune, elle a dessiné une frise bariolée le long de la bande de caoutchouc qui entoure la semelle des tennis. Elle a quadrillé la surface entière de ses mocassins avec des losanges rouges, bleus, jaunes. Méconnaissables, les chaussures. Personne ne pourra la soupçonner de les avoir achetées la veille !

— Les pantalons seront à la rigueur mettables pour traîner dans la maison ou dans les bois, se lamente Mme Alexandre, mais les chemises et les pulls sont fichus. A mettre à la poubelle. Tu te débrouilleras en empruntant des habits à Marie, mais moi, je ne t'achète plus rien.

Non seulement les vêtements ont perdu leur couleur, mais une bonne partie de leurs fibres ont disparu ; des trous partout : des petits, des moyens, des énormes, devant, derrière, sur les manches. Les pantalons ont mieux tenu le choc, ils se sont décolorés plus ou moins selon les endroits, si bien que chacun offre toutes les nuances possibles de sa couleur d'origine.

Une fois les habits rincés à grande eau et enfournés au séchoir, ou à la poubelle, selon le cas, Caroline est partie s'enfermer dans sa chambre. Elle allume la télévision. Que faire d'autre, de toute façon ? Il est trop tard pour essayer de retrouver dehors ses voisines Brooke et Beckie. Pas faciles à rencontrer ces deux-là : chaque fois qu'elle les aperçoit dans leur jardin, Caroline, suivie de Marie, se précipite dehors pour jouer ou discuter avec elles, mais les deux sœurs, sans doute rapidement ennuyées par la conversation limitée des Françaises filent toujours au bout de deux minutes, prétendant avoir quelque chose d'urgent à faire.

Caroline aimerait tant en faire des amies. Elles ont les mêmes goûts, à n'en pas douter. Les deux petites Américaines, toujours un casque sur la tête et des cassettes de chansons plein les poches, aiment le rock, la musique moderne, comme elle. Caroline les a vues de sa fenêtre s'entraîner au yo-yo, essayant toutes sortes de tours sophistiqués. Sur leur pelouse, elles font la roue, les reins cassés, des sauts périlleux en avant et en arrière : ce genre d'activités, Caroline pourrait comme elles, y passer sa vie. Si seulement elles lui laissaient le temps de montrer de quoi elle est capable...

La deuxième chaîne la précipite au cœur d'un jeu bruyant. Caroline s'installe confortablement sur son lit et augmente le son pour mieux comprendre. Deux enfants doivent, en moins de cinquante secondes, faire éclater en s'asseyant dessus, une ribambelle de ballons remplis de ... fromage blanc. Caroline regarde dégouliner ces quantités de fromage blanc sur le sol, le long des chaises, et sur les fonds de pantalon des enfants.

Deux autres candidats se présentent. L'un doit enfiler un immense pantalon dont la ceinture mesure au moins deux mètres. L'animateur explique l'épreuve : il s'agit d'attraper dans ce pantalon (comme dans un panier de basket-ball) un certain nombre de tartes que son coéquipier fait jaillir d'une planche posée en équilibre sur un bidon ! Caroline contemple fascinée les tartes qui s'écrasent partout sauf dans le pantalon de clown du garçon. Elle aurait volontiers regardé le jeu suivant si son père n'avait pas frappé à sa porte au moment où une nouvelle équipe entrait en scène. Il a besoin d'elle pour accrocher des rideaux aux baies vitrées du salon.

Au fur et à mesure qu'avance la semaine, Caroline se rend compte qu'il est encore moins facile de lier connaissance avec d'autres enfants, quand il n'existe pas de classe où chaque jour on retrouve pour une journée entière les mêmes élèves. A voir tant de têtes défiler, elle a du mal ne serait-ce qu'à retenir les visages et les noms.

Elle a repéré depuis le premier jour un groupe de trois filles jolies et sûres d'elles, qu'elle aimerait bien fréquenter. Une fois, l'une des trois lui a souri en entrant dans la salle de maths. Mais ce n'est pas à côté de Caroline qu'elle est venue s'asseoir.

En artisanat, elle a deux jours de suite travaillé en groupe avec deux filles et un garçon très sympas qui l'ont traitée d'égal à égal et l'ont bien fait rire. Mais au repas de midi, aucun d'eux n'est venu se mettre à sa table.

Qu'elle est sinistre, cette pause de midi, quand il faut seule déballer et manger son sandwich en silence, alors que tout autour de vous, les autres s'interpellent, plaisantent et rient à n'en plus finir.

– Alors, t'es-tu fait des camarades, lui demandent ses parents chaque soir.

Elle est honteuse de répondre non. Elle a l'impression que c'est de sa faute. Elle doit s'y prendre spécialement mal.

– Et Beckie, Brooke, tu ne les rencontres jamais ? Elles n'ont pas de cours avec toi ?

– Brooke a travaux manuels dans la même classe que moi. Mais elle est toujours avec une amie. Elle me dit juste bonjour, ça va, et c'est tout.

Jusqu'à Adrian qui ne déjeune plus avec elle depuis cette semaine : il préfère jouer au basket avec d'autres garçons. Il mange en jouant, sans s'asseoir. Et elle, seule, et honteuse de l'être, essaie chaque jour une nouvelle formule pour ne pas être la seule à manger toute seule : un jour, elle s'assied à une table où il ne reste qu'une place de libre en espérant que les sept autres l'intégreront à leur conversation ; une autre fois, elle s'installe sur une des pelouses où une dizaine d'enfants sont éparpillés dans tous les coins. Le lendemain, elle tente sa chance en prenant la dernière place sur un banc au soleil, près du magasin...

Elle a l'impression que personne ne la voit. Même maintenant qu'elle leur ressemble, avec son élastique fluo dans les cheveux, ses tennis multicolores, et son jean aux mille reflets. Ceux avec qui elle a cours lui disent bonjour, en classe, mais dès qu'on est dehors, c'est comme s'ils ne la reconnaissaient plus. Ces quarante-trois minutes de déjeuner sont en train de devenir un cauchemar !

La consolation, bien maigre, c'est qu'elle travaille bien. Bonne en maths, pas plus nulle que les autres en sciences, elle arrive à chanter, et son anglais s'améliore. La conseillère qui est venue lui parler hier pendant la récréation du matin n'en est pas encore revenue. Malheureusement, le bonheur n'est pas fait uniquement des « A » que l'on récolte aux interrogations ; ni des félicitations que peuvent vous faire les professeurs les mieux intentionnés du monde. Le bonheur, c'est les autres ; comment les approcher ?

VÉLO ET PETITS BOULOTS

– Caroline est bien renfrognée, ces derniers temps, observe son père.

Voilà des semaines qu'elle rabroue sa sœur, aboie à la figure de son petit frère dès qu'il l'approche, répond par monosyllables à ses parents. Quand on lui demande pourquoi elle fait cette tête, Caroline dit sèchement et sans s'étendre davantage qu'elle a des problèmes.

– En général, les problèmes ont leur solution, finit par lui dire sa mère. Si tu la cherchais au lieu de t'apitoyer sur toi et en vouloir à la terre entière.

Un samedi Caroline s'est recouchée après le petit déjeuner ; elle a pris un stylo et le grand cahier à feuilles jaunes que sa mère a acheté au supermarché en disant :

– Tu ne fais plus de français écrit. Pour ne pas perdre ton joli style (elle ne se moquait pas ; c'est vrai, Caroline écrit plutôt bien) je te prends ce cahier qui donne envie d'écrire. Tu devrais y raconter tes journées, tes idées, ce qui va bien ou mal. Plus tard, ça te fera des souvenirs...

Bien calée contre ses deux oreillers, Caroline a commencé à écrire son nom, son adresse, sa date d'anniversaire. Puis elle a partagé la première page en deux par un grand trait vertical.

Titre de la première colonne : **PROBLÈMES**.

Titre de la deuxième : **SOLUTIONS**.

Elle commence à noircir la liste de ses problèmes petits et grands, matériels ou existentiels :

1 – Mon casier.
2 – Les annonces.
3 – Des ami (e-s).
4 – Danse. Danse.

Puis elle place le stylo au-dessus de la colonne **SOLUTIONS**, et se met à réfléchir. L'histoire du casier est ridicule ; heureusement, personne ne sait qu'elle n'a encore jamais réussi à en ouvrir la porte. Chaque matin, en arrivant à l'école, elle fait une tentative, tournant trois fois le bouton : à droite, encore à droite, puis à gauche, de façon à placer la flèche sur 26, 34, et enfin 14. Au bout de cette opération, la porte devrait s'ouvrir, mais rien à faire, la serrure reste bloquée. C'est vexant ! N'importe qui à l'école ouvre son placard sans y penser, même Adrian, aussi nouveau qu'elle, Keiko, ou Bonita qui pour le reste n'est pas très dégourdie.

Elle écrit dans la colonne **SOLUTIONS** en face de *casier : Demander à la conseillère.* Puis aussitôt elle le barre. On ne dérange pas pour une broutille pareille la conseillère de l'école. Au-dessus, elle écrit *Mme Fox* qui est son professeur d'anglais. Mais elle le barre aussi, et gribouille dans l'espace qui reste : *Adrian*.

En face d'*annonces*, elle écrit *demander explications au bureau d'accueil.*

En face d'*ami*, elle écrit : *Chrissie, Karen, Laura ???*

Les annonces, ce sont ces crachotements inaudibles que font les haut-parleurs posés à l'extérieur des bâtiments d'Egan, et qui sont censés donner des informations aux élèves. Il y en a au moins une par jour, et elles peuvent avoir de l'importance. Les haut-parleurs se mettent à grésiller, puis la voix grave de M. Thom émet une longue suite de sons incompréhensibles pour Caroline, mais suscitant en général une variété de réactions de la part des autres. L'autre jour, pour n'avoir pas compris, elle a failli manquer le rassemblement général des élèves, à l'heure où d'ordinaire c'est la récréation du matin.

Une fois, elle n'a pas su que la journée d'école s'arrêtait à 12 h 15 en raison d'une réunion des enseignants... Elle ne comprenait pas pourquoi ce jour-là les cours duraient trente-cinq minutes au lieu de quarante-trois. Elle n'a pas compris non plus que le magasin de l'école va être fermé pour travaux pendant une semaine...

Problème suivant : Chrissie, Karen et Laura sont trois filles d'environ treize ans qui ont cours de gymnastique et de maths avec elle. Elles doivent habiter dans le quartier car le matin, quand elle fait le trajet avec sa mère en voiture, elles les voit qui s'attendent à un carrefour, ou roulent l'une derrière l'autre sur la piste cyclable. Comme tous les cyclistes de Californie, elles ont sur la tête un casque en forme de demi-pastèque pour se protéger des fractures du crâne. Leurs vélos sont de splendides *mountain bikes* à larges guidons, gros pneus et cadres massifs. Quelquefois, l'une reconnaît Caroline à l'intérieur de la voiture et fait un signe de la main. Caroline guette ce signe chaque matin, et quand personne ne lui en adresse, sa matinée est assombrie.

La voilà, elle la tient, la solution au problème *Chrissie, Karen et Laura*. Elle écrit au stylo sur la ligne en face : *Vélo de montagne pour mon anniversaire. Trajet-école avec.*

– Un vélo pour tes treize ans ! Ce n'est pas un petit cadeau que tu nous demandes là ! commente son père.

– Treize ans est un âge spécial, répond Caroline. Et puis un vélo, c'est utile. Je n'aurai plus besoin que maman me conduise où que ce soit, ni vienne me chercher...

Le premier février, à huit heures moins dix, un casque bleu et blanc sur la tête, le cartable sur le dos, Caroline enfourche son vélo flambant neuf et prend à droite la piste cyclable longeant sa rue. Si son calcul est bon, elle devrait tomber sur les trois filles avant qu'elles ne quittent leur point de ralliement.

En effet, au pied du gros eucalyptus, Chrissie, assise sur sa selle, les deux pieds posés à terre, mange une barre de céréales. A côté d'elle, Laura refait les revers de ses chaussettes blanches.

– Bonjour ! lance Caroline en s'arrêtant près d'elles.

– Bonjour ! répondent les deux filles.

Puis elles reprennent leur conversation à deux sans plus prêter attention à Caroline.

Voilà Karen sur son vélo rouge, le casque de travers, et les joues roses.

– Désolée d'être en retard, dit-elle de loin. Bonjour Caroline, ajoute-t-elle en freinant à bloc pour ne pas heurter les vélos de ses amies.

– On y va ! crie Laura en appuyant sur les pédales avec énergie.

Elles se mettent à filer à un train d'enfer que Caroline est incapable de suivre, peu familiarisée avec ce nouveau vélo à dix vitesses qu'elle a encore du mal à maîtriser. Elles accrochent, font un fracas déshonorant et la plupart du temps refusent de s'enclencher. Pendant ce temps, les cheveux volant au vent autour de leur casque, les trois sirènes s'évanouissent au loin. Caroline les voit s'engouffrer dans une rue qu'elles ne prennent pas d'habitude. Font-elles exprès de la semer ?

Arrivée aux casiers, elle tombe sur Adrian : plus coopérant que les trois filles tout à l'heure, il montre à Caroline sans se faire prier, le fonctionnement de la serrure à combinaison. Caroline réussit trois essais de suite. Quand elle sera à nouveau seule, en sera-t-il de même ?

Le lendemain matin, Chrissie, Karen et Laura ont dû changer leur lieu ou leur heure de rendez-vous : à huit heures moins cinq, Caroline ne trouve personne à l'eucalyptus centenaire. Elle attend cinq longues minutes et pédale ensuite à toute vitesse pour rattraper le temps perdu. Quand elle arrive hors d'haleine dans le garage à vélo, les trois filles lui disent bonjour d'un air hypocrite et sortent en pouffant. « Mais non », se force à penser Caroline, « elles rient pour autre chose. C'est moi qui devais être en retard ce matin... »

A la sortie des classes, Caroline met du temps à ôter l'antivol et sortir son vélo du garage, pour que le hasard, qui fait bien les choses, la mette sur la piste cyclable exactement au même moment que Chrissie et ses deux amies.

Au lieu de suivre la rue Stanford et prendre la quatrième à gauche comme elles font d'habitude, les filles tournent dès le premier carrefour.

– Au revoir Caroline, fait Chrissie en agitant la main.

– A demain, renchérissent les deux autres.

Caroline essaie de détecter si leur ton est moqueur. Ont-elles voulu se débarrasser d'elle ou quoi... Elle continue sa route seule. Le retour est plus pénible que l'aller, car la rue monte légèrement. Dans l'enclos à droite où d'ordinaire paissent des chevaux paisibles, elle aperçoit un minuscule poulain qui vient sûrement de naître à voir la taille de ses pattes fluettes, et sa hauteur. Comme il semble fragile. Elle arrête son vélo pour mieux le regarder. Il frotte sa tête contre le flanc de sa mère, puis se met à têter. « Il faut que je revienne avec un appareil photo », se dit-elle.

Elle pose son vélo devant la porte du garage. Dans le jardin à côté, Beckie fait virevolter un yo-yo avec une virtuosité de professionnelle. Caroline s'approche de la haie basse qui sépare les deux jardins.

– J'ai vu un minuscule cheval, là-bas dans le jardin où il y a toujours des chevaux, dit-elle dans son anglais un peu hésitant. Il vient de naître. Je vais aller prendre des photos.

Et très excitée, elle bondit chez elle à la recherche de l'appareil de Marie. Quand elle ressort, Beckie est sur le trottoir.

– Je vais avec toi.

Caroline prend quatre photos du poulain avec sa mère. Puis elle en fait deux de Beckie adossée à la barrière, les chevaux en arrière-plan. Beckie en prend une de Caroline. Il ne reste plus qu'une photo sur la pellicule polaroïd. Marie va être folle furieuse, mais tant pis.

Elles regardent les photos qui prennent couleur en quelques secondes sous leurs yeux. A part la première, pas très bien cadrée, elles sont réussies. Caroline dit à Beckie qu'elle peut garder une des deux qui la représentent.

– Oh merci, merci beaucoup, c'est trop gentil ! s'exclame Beckie.

Puis elle regarde sa montre.

– Il faut que je rentre, ajoute-t-elle, selon la formule habituelle.

Caroline reste encore un moment à essayer d'attirer l'attention des chevaux, surtout du petit. Elle se sent de très bonne humeur. Dans un petit quart d'heure ses frère et sœur rentreront de l'école. Qu'ils se dépêchent ! Elle a envie de parler.

– J'ai une bonne nouvelle pour toi, Caroline, dit Mme Alexandre tandis que les trois enfants pénètrent dans la maison. En marchant dans le centre ville ce matin, je suis tombée sur un studio de danse classique. J'ai demandé s'il existait un cours pour jeunes, et la secrétaire m'a donné une longue liste de cours de danse moderne, classique, africaine, jazz. La documentation est sur ton bureau. A toi de choisir.

– Est-ce qu'ils ont aussi des cours de majorettes ? demande Marie.

Caroline hausse les épaules d'un air de dégoût profond et part dans sa chambre consulter le dépliant du studio.

Le week-end prochain n'est pas ordinaire : il ouvre sur une semaine entière de vacances, l'équivalent des congés de février en France. Deux jours fériés se suivent, les 15 et 16 février, commémorant Georges Washington et Lincoln, deux hommes d'État américains. Les écoles y ont ajouté trois jours pour transformer cette semaine tronquée en véritables vacances d'hiver... C'est l'occasion rêvée pour aller au studio de danse.

Le professeur de danse est petite, menue, avec des cheveux très courts ressemblant à une brosse sur laquelle quelqu'un se serait malencontreusement assis. Elle porte un justaucorps noir scintillant, et par-dessus, des grosses chaussettes, d'épaisses genouillères en laine, un cache-cœur. Non seulement elle a un cours de danse, mais elle dirige aussi une petite compagnie de ballets modernes. De temps en temps, pour étoffer sa troupe, elle demande à un ou une de ses élèves les plus doués de se joindre à eux. L'idée de participer un jour à l'un de ses spectacles fait déjà battre le cœur de Caroline. Son nouveau professeur l'a immédiatement jugée comme une bonne apprentie danseuse, à la technique sûre, et possédant un solide sens musical. De quoi nourrir les espoirs, les rêves, les projets de Caroline pendant des mois...

Du coup, elle a demandé à ses parents de se rendre à trois séances de danse par semaine.

– Et ton travail de classe ? a dit sa mère.

– Tu vois bien que je n'en ai pratiquement jamais, à part une ou deux fois par semaine, un exercice de maths qui me prend cinq minutes...

– N'oublie pas les cours par correspondance auxquels je t'ai inscrite pour continuer tes études françaises.

– Je n'ai plus besoin de m'occuper d'études françaises. Je resterai ici. Je préfère être danseuse en Amérique plutôt que là-bas.

– Allons bon ! Une fille semée en route,

plaisante sa mère. Et comment vois-tu les choses quand nous retournerons en France ?

– Pourquoi papa ne peut-il pas rester ici ?

– Caroline, il y a une semaine, tu te lamentais sur ta vie morne et sans intérêt, sans personne à qui parler. Tu maudissais ton père d'avoir pris ce poste, et tu...

– J'ai changé d'avis. Tu n'es pas contente que j'aie changé d'avis ?

Que répondre à cela ? Caroline va donc maintenant, en bicyclette, trois après-midi par semaine au cours de danse de la rue California. Elle est la seule à s'entraîner avec autant d'assiduité, et très vite, elle est devenue la chouchou d'Allysa, le professeur, qui apprécie son acharnement.

Parmi les participants aux cours, elle a fait la connaissance de Cheryl : toutes les deux font la course au retour sur les pistes cyclables car elles habitent le même quartier. Elle y a retrouvé aussi deux élèves de l'école : Paul, qui a travaux manuels avec elle, et Emily, qu'elle aperçoit au cours de gymnastique.

Un samedi matin, au cours d'une visite au poulain qui maintenant se déplace dans son enclos sur quatre pattes solides, Caroline a fait la connaissance de la jeune femme qui s'occupe des chevaux, Tracey. Elle fait un drôle de métier : elle tient ce qui pourrait s'appeler une maternité pour chevaux.

Beaucoup de gens possèdent un ou plusieurs chevaux dans la région, juste pour le plaisir de les monter quelques heures par mois. Ici, ils ne coûtent cher ni à l'achat ni à l'entretien. Ils restent toute l'année dans le jardin de leur propriétaire. Lorsqu'une jument est sur le point de mettre au monde son petit, on la confie à Tracey pour plus de sécurité. Elle s'en occupe pendant les dernières semaines de la grossesse, l'aide pendant l'accouchement, puis s'occupe de la mère et de l'enfant, jusqu'à ce que ce dernier ne tête plus. Depuis quelques jours, une nouvelle jument est arrivée dans l'enclos. Le petit est attendu dans une quinzaine de jours.

Habituée à voir Caroline rôder dans le coin, parler aux chevaux, et les regarder des heures entières, Tracey l'a invitée un jour à visiter les écuries, et lui demande maintenant des petits services qui occupent et amusent Caroline. Elle dispose le foin frais une fois par jour aux quatre coins du pré. Elle fait couler de l'eau dans les abreuvoirs. La première fois, elle a protesté vigoureusement lorsque Tracey lui a remis un billet de cinq dollars pour la semaine. Maintenant, elle ne fait plus d'histoires : beaucoup d'Américains de son âge gagnent leur argent de poche en arrosant le jardin des voisins, en lavant des voitures, en promenant des chiens...

Tracey, elle, remplit les tâches difficiles et désagréables comme soigner les chevaux, leur faire des piqûres, et nettoyer les écuries.

Nicolas est fou de jalousie. Il trouve que ce devrait être lui, le *rancher*. Depuis toujours, il est le zoologue de la famille. Ce qui n'empêche pas son élevage d'écureuils d'être décevant.

Marie ne passe pas beaucoup de temps à profiter des collines, du jardin ou de la compagnie de sa famille. Elle est prise dans un tourbillon de mondanités avec ses camarades de l'école française. Les invitations à dormir chez l'une ou chez l'autre pleuvent. Souvent, elle passe le samedi ou le dimanche chez Amandine, Aurore ou Clarisse. Sans l'avouer, Caroline l'envie. Bien sûr, elle met toute son énergie dans ses cours de danse ; elle aime les moments passés avec Tracey, la vétérinaire. Mais rien de cela ne saurait remplacer une bande de copines avec qui elle serait à l'aise, chez qui elle irait sonner quand elle s'ennuierait, ou qui lui téléphoneraient pour lui raconter la dernière de...

Est-ce que Mme Mansell, la conseillère de l'école s'est rendu compte de sa solitude ? Au cours de ses promenades pendant le repas de midi ou la récréation du matin, a-t-elle eu pitié de Caroline seule sur son banc ? Elle interpelle Caroline un matin avant la classe :

– Caroline, j'ai eu une idée, hier. Viens me voir à mon bureau à une heure moins le quart. Tu me diras ce que tu en penses.

Voilà comment Caroline s'est retrouvée à recevoir à la bibliothèque chaque jour, à l'heure de la lecture silencieuse, des petits groupes de trois élèves maximum, désireux de pratiquer la conversation française.

Timidement au début, par deux ou par trois, les élèves sont venus s'inscrire pour une séance. Maintenant, le carnet de Caroline est rempli pour les deux semaines à venir. C'est un franc succès. A quand la popularité ?

LE CONCOURS DE YO-YO

La bibliothèque est presque déserte. Devant son ordinateur, Mme Macgannon, la bibliothécaire met à jour son fichier de livres empruntés. Caroline et son « élève » occupent une petite table carrée à côté du présentoir de revues.

– Et quels sont tes loisirs préférés ? demande Caroline.

– Hum... le... comment dites-vous en français *skateboard* ?

– Planche à roulettes, dit Caroline en articulant au maximum.

– Hum... la planche à roulettes, beaucoup, très beaucoup ; et un peu les filles, ajoute-t-il en montrant un petit espace entre son pouce et son index.

Caroline rougit, cache ses joues rouges en baissant la tête et dit :

– On ne dit pas « très beaucoup ». Ce n'est pas correct. Tu peux dire énormément, à la place.

– Énormément, répète Kevin.

– Et toi ? reprend-il.

– Quoi, moi ?

– Qu'est-ce que tu aimes de faire ?

– On dit : qu'est-ce que tu aimes faire. Mais je ne suis pas là pour répondre aux questions. C'est moi qui les pose.

– Pourquoi ? dit Kevin en écartant les mains, paumes en l'air. On a dit conversation en français. Dans une conversation, ce n'est pas toujours le même qui pose les questions, et le même qui répond.

Il a raison. Il fait un grand sourire. Caroline a l'impression qu'il se moque un peu d'elle, que son ton est protecteur, supérieur. C'est elle, dans cette situation, qui devrait dominer. Elle rougit encore.

– Je n'ai pas raison ? demande encore Kevin.

Il est en huitième. Une classe au-dessus de Caroline, donc. Il va avoir quatorze ans, s'il ne les a pas déjà. Est-il venu juste pour la taquiner, ou pour apprendre le français ?

Caroline n'aime pas avoir un seul élève. Il faut trouver davantage de sujets, poser beaucoup de questions différentes pour meubler le quart d'heure. Quand elle a affaire à un groupe de trois ou quatre, chacun donne sa phrase, son avis, la discussion se fait naturellement sans qu'elle ait vraiment à la relancer.

En même temps que Kevin, deux filles de huitième s'étaient inscrites ; mais elles ont dû aller répéter un show pour la finale de basket-ball qui va opposer l'équipe d'Egan à une autre école de Palo Alto. Ici, les matchs importants sont toujours accompagnés d'un spectacle avant et après l'épreuve sportive, ainsi que pendant les mi-temps. Un groupe de filles qu'on appelle les *cheerleaders*, vêtues aux couleurs de l'équipe sportive, exécutent une sorte de défilé qu'elles accompagnent de cris d'encouragements, de mouvements rythmés, au son d'une musique dynamique. Elles agitent des espèces de bâtons auxquels sont accrochés des masses de rubans multicolores. Ce sont des vedettes, plus encore que les joueurs eux-mêmes. Elles sont de tous les matchs de football, de basket, et de base-ball, suivant la saison sportive. Justement, voilà la question que Kevin vient de poser à Caroline :

– Est-ce que tu aimerais être *cheerleader* à Egan ?

– Non, je n'aimerais pas tellement, dit Caroline.

Elle allait dire « parce que c'est ridicule », mais au dernier moment, elle a réussi à avaler sa phrase. Comme lui dit sa mère, rien n'est ridicule aux États-Unis, et Kevin pourrait se vexer d'un avis aussi méprisant.

– Parce qu'elles passent trop de temps à répéter leurs spectacles...

– Tu as tort, dit Kevin. Tu ferais une merveilleuse *cheerleader*.

Caroline de repiquer du nez vers la table. Elle sent que non seulement ses joues sont rouges, mais son front, son cou.

– Je ne suis pas blonde... marmonne-t-elle en haussant les épaules.

– Pourquoi n'y aurait-il que des blondes ? dit Kevin. C'est vrai qu'ici tout le monde se décolore les cheveux, même les garçons. Tu sais, ils font ça avec du citron. Mais tes cheveux sont jolis comme ça...

Il la regarde, le menton posé sur ses deux poings.

– Je crois que c'est l'heure d'aller en cours, dit Caroline en se baissant pour attraper son sac à dos posé par terre.

– Il y a encore deux minutes, dit Kevin en retournant son bras pour qu'elle lise l'heure à sa montre. Pose-moi une dernière question.

Caroline ne pense à rien sur le moment.

– Est-ce que tu aimerais aller en France ? demande-t-elle.

Il rit en se grattant la tempe.

– J'y ai passé trois ans, entre neuf et onze ans. A côté de Nice. C'était merveilleux, Nice. Oui, j'aimerais y retourner. Mais il faut que je « réapprends » à parler français...

Comment est-ce arrivé ? Comment la mode du yo-yo s'est-elle abattue sur Egan du jour au lendemain, sans prévenir, mais sans oublier un seul élève ? Voilà quinze jours que tous les élèves d'Egan, à commencer par les garçons, les plus acharnés, se promènent le yo-yo à la main.

Le yo-yo, c'est pas cher. Un ou deux dollars à Palo Alto, selon le modèle. Aux alentours de dix francs en France...

Le yo-yo, c'est pratique : vous l'avez dans votre poche, votre main, votre cartable : il ne se voit pas, ne pèse pas, n'encombre pas.

Le yo-yo, c'est facile. Après deux soirées d'entraînement, n'importe qui est capable de le faire monter et descendre comme un virtuose, mais aussi d'exécuter correctement des tours comme la « promenade du chien », « le tour du monde », « de l'autre côté »...

Le yo-yo, ça peut vous rapporter non pas gros, mais un petit quelque chose, si vous comprenez bien l'annonce que M. Thom est en train de faire au micro.

Il pleut, aujourd'hui. Et quand il pleut, en Californie, en tout cas à Palo Alto, la vie n'est plus la même. Le ciel est triste, les arbres ressemblent à des chats mouillés, l'air est froid, des flaques se forment partout.

Pas question de déjeuner dehors. La plupart des élèves de l'école se sont engouffrés dans le gymnase pour déballer leur repas à l'abri. Quelques courageux sont restés sur les bancs longeant les différents bâtiments, protégés de la pluie par l'avancée des toits. Les haut-parleurs ont émis leurs craquements familiers, et M. Thom a annoncé :

– Lycéens, attention, voici une nouvelle importante : si vous voulez participer ou assister au grand concours de yo-yo qui va avoir lieu dès maintenant, accourez au gymnase immédiatement. Je commence à enregistrer les candidatures. Aucune ne sera rejetée. Le spectacle suivra aussitôt après.

Il n'a pas les yeux dans ses poches, M. Thom. Il a tout de suite repéré la nouvelle mode du yo-yo. Et il n'a pas perdu de temps pour l'exploiter. Les journées de pluies sont toujours délicates à passer. Les lieux deviennent inconfortables, les élèves, obligés de s'entasser, sont nerveux, agressifs. C'est toujours un jour de pluie, qu'ont lieu les grandes bagarres, avec spectateurs rangés en cercle, vêtements déchirés et œil poché. En branchant tout le monde sur un concours de yo-yo, les risques d'incidents sont considérablement diminués.

Plus de cent personnes sont assises par terre dans le gymnase, buvant des boîtes de soda, terminant un sandwich ou un fruit. Sur la scène (car le gymnase qui sert de salle à tout faire a une scène équipée de rideaux et d'un micro), M. Thom, le micro à la main, un tableau noir portatif planté devant lui, écrit à la craie les noms des futurs candidats. Dix noms sont écrits au tableau ; que des noms de garçons !

– Êtes-vous sûres, les filles, qu'il n'y a pas parmi vous une future championne, dit-il en balayant du regard les petits groupes de filles assises sur le sol du gymnase. Vous n'allez pas laisser les garçons concourir seuls...

Caroline se sent lever un bras et dire :

– Je peux essayer...

– Alors viens me donner ton nom...

Après l'avoir ajoutée à la liste, il insiste encore :

– Une autre fille ? Une fois, deux fois, trois fois, non ? Alors je vais maintenant choisir les membres du jury chargés de noter les candidats.

C'est toute une cérémonie.

– Y a-t-il un élève dont le prénom commence par un A, le nom par un B et qui soit né en janvier ? demande-t-il.

Un garçon petit, très brun, vêtu d'un T-Shirt jaune sur lequel sourit une tête de squelette se dresse comme un ressort.

– Moi, moi, crie-t-il, c'est exactement moi...

Arash Beheshti monte sur la scène. Le Principal lui bande les yeux, et lui demande de pointer un crayon sur une grande feuille fixée au tableau noir. Il s'agit de la liste complète des élèves de l'école. Arash plante trois fois le crayon comme s'il tenait un poignard destiné à accomplir un sacrifice humain. Les titulaires des trois noms sont appelés. Ce seront les jurés. M. Thom qui décidément a tout prévu, leur donne une pile de grandes feuilles sur lesquelles ils inscriront leurs notes, comme aux championnats de patinage artistique.

– Et voici notre premier candidat.

Il ne manque que la musique. Un garçon long et mince dont une grande mèche de cheveux cache l'œil droit se place au milieu de la scène en faisant monter et descendre un yo-yo rouge, comme un athlète qui s'échauffe ou un violoniste qui accorde son instrument. Il prend le micro, et très à l'aise, annonce en continuant d'agiter le yo-yo :

– Je vais vous faire une série de tours classiques comme la balade du chien, les quatre coins, le triangle des Bermudes, le tour du monde... Puis vous verrez pour la première fois devant un public, quelques inventions perso, je ne vous dis pas...

Il immobilise son yo-yo et attend le silence. Car au long de son discours, cris, sifflets, acclamations et protestations n'ont cessé de fuser de toutes parts. Lorsqu'un calme relatif règne à nouveau sur le gymnase, il commence son spectacle.

Caroline qui, à la seconde même où elle a lancé sa candidature sans y penser, s'est mise à le regretter, se demande dans quel guêpier elle est venue se fourrer. Non pas qu'elle craigne de ne pas être à la hauteur techniquement : le yo-yo est une de ses spécialités. Il y a deux ans, lorsque la même mode s'était répandue sur la France comme une nuée atomique, elle était la reine du yo-yo de son école, à Toulon. Non seulement elle accomplissait sans une bavure les gestes connus, les grands classiques, mais elle inventait chaque jour une nouveauté que sa classe entière essayait ensuite d'imiter...

Elle ne manque pas d'entraînement non plus : lorsqu'elle a vu ses voisines Brooke et Beckie agiter des yo-yo dans leur cour, elle a ressorti le sien, son yo-yo Coca-cola. Un soir, elle a fait une démonstration à son amie vétérinaire qui en est restée médusée.

Ce qui est terrifiant, dans ce concours, c'est le public. Tous les élèves, massés debout autour de la scène, tapent des pieds, des mains, sifflent, hurlent à tue-tête :

– Tu vas le rater, Billie ! Sûr que tu rates.

– Ouh ! Wah ! You ! Le nul, le cancre, le zéro !

– Où t'as appris ça, vieux ? Tu fais sauter des crêpes, ou tu lances ton lasso ?

– Qui va se retrouver ficelé comme un otage ?

– Beurk ! Bouh ! Si j'étais aussi minable, j'irais me cacher et je donnerais mon yo-yo à mon chien...

Les candidats se succèdent, ils sont habiles. Un petit blond connu dans l'école comme l'as de la planche à roulettes, remporte deux 10, et un 9,9. Difficile de faire mieux.

– Et voici notre courageuse et unique fille à tenter sa chance après tous ces gentlemen. Caroline, bravo !

Sa main tremble quand elle saisit le micro que lui tend M. Thom.

– J'ai quelques tours français à vous montrer, et d'autres que vous connaissez aussi, annonce-t-elle en ne sachant où placer le micro par rapport à sa bouche.

– Youh ! Plus fort ! Quoi ? hurlent quelques affreux dans la salle.

Elle attaque avec une tour Eiffel, un éventail, une grande échelle, et le boa. Des acclamations enthousiastes jaillissent, mais aussi un lot de moqueries, comme pour les autres :

– C'est tout ? C'est ça le yo-yo français ? Pas de quoi en faire un bœuf...
– Remboursez ! Remboursez !
Elle présente ensuite les trois tours que chaque candidat a proposés et réussis.
– Encore ! On s'ennuie ! Du nouveau ! crient les mauvais coucheurs de l'assistance.
Et pour la fin, elle se lance dans une rosace simple puis une double, et enfin dans un enfer qu'elle réussit au-delà de ses espoirs.
– Ouais ! Bravo ! hurlent les uns.
– Ouh ! Ouh ! Wah ! aboient les autres.
Les jurés hésitent. Ils voudraient déclarer Caroline championne, mais n'aiment pas l'idée de la placer devant deux des candidats qui sont les garçons les plus respectés, les plus craints, de l'école. S'ils allaient se venger sur eux à la récré... Finalement, après une brève discussion, ils brandissent leurs panneaux : 10. 10. 10.
Sifflets et hourras retentissent.
Rouge comme un coquelicot, Caroline remonte sur la scène, et reçoit des mains du Principal le cadeau du gagnant : un yo-yo géant – environ dix fois la taille normale – entièrement transparent, sans doute en plexiglas, avec une ficelle vert fluorescent.
Elle sourit. M. Thom l'embrasse et l'assistance applaudit en sifflant. Elle dit merci en montrant à tout le monde le maxi yo-yo, puis se dépêche de redescendre. Elle a beau avoir devant elle un avenir de danseuse étoile, elle ne

se sent pas terriblement à l'aise, sur une scène. En bas, elle voit Beckie, Chrissie, Keiko, Kevin, qui lui sourient en agitant le bras.

C'est la popularité. A quand l'amitié ?

VOYAGE À WASHINGTON D.C.

Chez les Alexandre, le ton monte souvent, ces jours-ci, entre la mère et la fille. La moindre conversation vire à l'aigre.

Et qu'est-ce qui oppose en général Caroline et Mme Alexandre ? L'inépuisable question des vêtements, bien sûr ! et ce qui va avec : la coiffure, l'allure, les attitudes, le ton...

Trois mois après son arrivée à Palo Alto, Caroline n'a plus rien de commun avec la petite collégienne française qu'elle était ; elle se sent maintenant californienne jusqu'au bout des ongles (qu'elle ne ronge plus et peint en rose nacré). Elle se passe la main dans les cheveux plus de deux cents fois par jour, répond du bout des lèvres, et uniquement en anglais, à ses parents ; elle ignore sa sœur et son petit frère qu'elle trouve désespérément *frenchie,* – et ce n'est pas un compliment !

Ses parents ont assisté, médusés, à sa transformation jour après jour, et rien à faire, ils ne s'y habituent pas.

– Change de ton, s'il te plaît ! Laisse tes cheveux tranquilles, attache tes lacets, tu vas tomber, ne peuvent-ils s'empêcher de lui dire.

Les yeux au ciel, l'air las, après un soupir de martyr, elle laisse tomber sa réplique favorite :

– *Oh ! Mom, please, give me a break.*

Cette phrase, que chaque adolescent américain sert plus de dix fois par jour à ses parents, vexe comme des poux M. et Mme Alexandre.

– S'il te plaît, Caroline, disent-ils en haussant le ton, pas d'insolence ! Nous ne sommes pas des parents californiens.

Ils sont malades de la voir partir chaque jour à l'école avec une jupe très très courte sur laquelle tombe un T-Shirt troué et tellement long, qu'on ne voit qu'un ou deux centimètres de jupe. Ses manches larges sont fendues en deux dans le sens de la longueur et volent au vent quand elle se déplace. On dirait un ange, ou un papillon...

Ses jupes n'ont pas d'ourlets. Trouvant trop longues celles que sa mère lui a achetées, elle les a raccourcies d'une quinzaine de centimètres. Dessous, elle porte des collants blancs, noirs ou turquoise, sur lesquels elle enfile une paire de chaussettes rayées horizontalement.

Son cartable, un sac à dos en nylon bleu trop ordinaire pour faire l'affaire, est crayonné aux gros feutres or, argent et blanc. Autour de son cou, elle enroule une écharpe rose suffisamment longue pour faire cinq tours et tomber en pans inégaux devant elle.

– A quoi cela rime, dit Mme Alexandre, ces gosses qui s'habillent en clochards, qui vivent dans des maisons luxueuses et montent chaque matin dans une Mercedes ou une Jaguar qui va les déposer gentiment à l'école...

– Justement, dit Caroline. Comme ça, on est tous pareils. Que nos parents soient riches ou pauvres, qu'ils aient les moyens ou non de nous acheter des choses, nous avons tous le même *look*. Rien n'est écrit sur notre figure. Que tu sois la fille du veilleur de nuit ou du P.D.G. d'Apple, personne ne peut voir de différence !

– Entre mettre, après l'avoir soigneusement troué et délavé, un pantalon neuf à cent dollars, et porter des vêtements bon marché que des frères ont usés avant toi, il y a une différence et tu penses bien qu'elle se voit !

– Non ! soutient Caroline.

– Douce illusion, soupire Mme Alexandre, résignée à perdre cette guerre-là.

Mais le jour où Caroline a tenté une décoloration maison de ses cheveux, une véritable dispute a éclaté. « Du jus de citron », avait dit Kevin. Interrogée, Brooke avait confirmé : « Tu t'inondes les cheveux de jus de citron pur, et tu les laisses sécher au soleil. Si tu fais ça une fois par semaine, tes cheveux châtains deviennent blonds. »

C'est commode, à Palo Alto, chaque jardin ou presque, possède un citronnier. Les citrons poussent et mûrissent tout au long de l'année. Pour imprégner entièrement sa masse de cheveux, Caroline a prévu six citrons qu'elle a pressés avant que sa mère ne revienne. Le lendemain, un samedi, après son shampooing, elle a versé le jus de citron pur sur sa chevelure, puis est allée prendre un bain de soleil près de la piscine. Résultat : des cheveux poisseux qui ne parviennent pas à sécher complètement, même après trois heures de soleil. Et une odeur de citron pas possible. Un vague résultat côté couleur : quelques mèches, en surface ont éclairci.

– Qu'as-tu fait à tes cheveux pour qu'ils aient cette consistance de tampon-jex, a demandé Mme Alexandre.

Elle a eu très peur, Mme Alexandre. Au début, elle s'est imaginé que Caroline avait passé sa tignasse à l'eau de javel ! Dans sa frénésie à tout décolorer, Caroline pouvait avoir imaginé de se javelliser les cheveux...

– Tu ne touches plus à tes cheveux, Caroline ! a ordonné sa mère sèchement. Après tes dix-huit ans, libre à toi. Mais jusque là, tu gardes les cheveux que je t'ai faits, qui sont les tiens, et qui valent largement les autres !

Après quelques frictions à l'huile d'olive, au jaune d'œuf, et au shampooing doux, la tête de Caroline a repris son aspect habituel. En souvenir, trois mèches sur le dessus sont restées dorées, enfin, presque.

Sans hésitation, Caroline a dit oui au voyage organisé par l'école pour les élèves de septième : un séjour de six jours à Washington D.C., la capitale des États-Unis, et en Virginie, un État de la côte Est. Les autres enfants sont inscrits depuis le mois de septembre, mais la conseillère a proposé une place à Caroline, si celle-ci souhaitait se joindre au groupe.

C'est pendant les vacances de Pâques, du 9 au 14 avril, que l'excursion a lieu. De toute façon, qu'aurait-elle fait pendant ces vacances ? Pour la famille Alexandre, il n'est pas question d'entreprendre un voyage à cette date-là : M. Alexandre ne peut s'absenter de son travail, et l'école de Marie et Nicolas n'a pas fixé ses vacances de printemps la même semaine.

Allysa, le professeur de danse arrête ses cours pendant la première quinzaine d'avril pour une série de représentations à Los Angeles. Brooke et Beckie vont faire du ski dans le Nevada ; et quand bien même, pour le peu de temps qu'elles accordent à Caroline quand elles sont là, ce n'est pas leur présence à Palo Alto qui aurait pu la retenir.

Cinquante écoliers d'Egan participent au voyage, encadrés par cinq adultes : le Principal, la conseillère, le professeur de musique instrumentale, un professeur d'histoire, et un d'anglais.

Si l'on enlève les deux jours passés dans l'avion pour l'aller et le retour, il restera quatre jours pour visiter Washington, et une petite partie de la Virginie.

Pour monter dans l'avion à neuf heures à San Francisco, on leur a demandé d'être devant l'école à sept heures du matin.

Un gros bus jaune, comme tous les véhicules de transport scolaire, vibre et ronronne au milieu du parking. De chaque côté de l'allée centrale, les sièges sont disposés par paires. Lorsque Caroline arrive en haut des trois marches, de nombreux fauteuils sont déjà occupés à l'avant. Au fond, tout est vide sauf le dernier rang où est assis Danny, le « dépouilleur » de l'école, celui qui crache par terre, menace tout le monde, et s'est déjà fait renvoyer de deux ou trois écoles de Palo Alto.

Caroline va pour s'installer à côté d'Alexandra car elles ont travaux manuels ensemble.

– Non, désolée, dit celle-ci. La place à côté de moi est réservée pour May. *Sorry*.

Même chose à côté de Tomoko, la petite Japonaise :

– Excuse-moi, je suis vraiment désolée, mais j'ai promis à Keiko de m'asseoir à côté d'elle. Je lui garde la place. *Sorry*.

Elles sont toujours *sorry*, – sur la politesse, rien à dire – mais pas très coopératives !

Caroline s'aperçoit que tous les élèves seuls déjà installés ont posé un sac ou un pull à côté d'eux. Elle va donc vers une paire de fauteuils vides, et s'installe à la fenêtre.

– T'as peur de t'installer à côté de moi, *peanut*, dit Danny en faisant une bulle de chewing-gum.

Caroline fait un sourire poli : on n'a pas intérêt à contrarier Danny. Sinon, les insultes pleuvent, et la victime passe un mauvais quart d'heure sans oser répondre de peur de recevoir un crachat ou un coup de poing s'il s'agit d'un garçon. Heureusement, il n'insiste pas : le Principal vient de monter dans le bus, et inspecte les lieux.

Le flot des élèves continue à se répandre de chaque côté de l'allée. Caroline se demande qui viendra s'installer avec elle. Elle a espéré Chrissie, en la voyant entrer. Mais sa place était gardée à côté de Karen. Elle a fait un signe à Emily, mais, désolée, Emily s'asseoit avec Ben, son *boy friend* de toujours. Elle a souri à Laura, mais celle-ci, pas gênée, est allée s'asseoir à côté du Principal.

Quand tout le monde a été installé, Caroline s'est rendu compte que le siège à côté d'elle resterait vide. Danny aussi est seul. Il le cherche, il faut dire. Mais Caroline...

Dans le premier avion, elle se retrouve assise à côté de Tim, un garçon de septième, qui porte des petites lunettes rondes et cet air de premier de la classe qui est le même en France et en Amérique. Après avoir demandé à Caroline si elle connaissait la côte Est, il sort de ses poches un listing d'ordinateur, et commence à corriger un de ses derniers programmes en parlant tout seul.

L'avion a décidément un effet somnifère sur Caroline. Elle s'endort dès le décollage, pour se réveiller juste au-dessus de l'aéroport John Kennedy à New York.

Dans le deuxième avion, elle est assise entre une grosse dame, et un enfant non accompagné, que l'hôtesse vient voir toutes les cinq

minutes. Dans le troisième, Laura et Chrissie viennent s'asseoir de chaque côté d'elle :
– Sais-tu que tu vas être dans la même chambre que nous, les deux premières nuits en Virginie ? Mme Mansell a fait le planning pendant le voyage. Nous avons une chambre de quatre. A part toi et nous, il y a Jennifer, ne m'en parle pas ! Sympa, mais elle ronfle. Avant j'allais dormir chez elle et je l'invitais chez moi, mais j'ai arrêté : plus ça va, plus elle ronfle fort !

C'est vraiment le dernier des soucis de Caroline.

A Norfolk, il fait nuit noire et frais, même à l'intérieur de l'aéroport. Les valises arrivent au compte-gouttes. Au bout d'un quart d'heure, M. Thom s'adresse au groupe :
– Jeunes gens, jeunes filles, avez-vous tous vos bagages ? Nous allons prendre un bus pour aller dormir à l'université John Clermont, à quelques kilomètres. Peut-être avant, pourrions-nous dîner ? Est-ce que quelqu'un a faim ?
– Oui ! hurlent en agitant les bras garçons et filles.

Mais Danny n'a pas récupéré sa valise. Caroline non plus. Après enquête, recherches, coups de téléphone et appels d'interphone, il faut se résigner : les bagages de Danny et de Caroline sont, au choix : dans un avion poursuivant sa route, à l'aéroport John Kennedy, ou à Washington D.C. Perdus !

– J'ai fait le nécessaire, dit l'employé de la compagnie. Vous les aurez au plus tard demain.

Les autres trépignent.

– On se fiche des bagages ! disent-ils. Nous avons faim.

Danny s'est assis par terre et affirme qu'il ne bougera pas de là sans sa valise. Caroline se voit pendant six jours avec les mêmes collants, chaussettes, pull. L'horreur. Pourquoi elle ?

La conseillère vient la rassurer. Demain, tout rentrera dans l'ordre. Elle aura ses affaires. Ce genre d'ennuis arrive sans arrêt et se résout toujours. Elle va lui acheter une brosse à dents au drugstore de l'aéroport.

Le King-burger où ils s'arrêtent pour dîner a du mal à faire face à cette foule affamée et difficile.

Il est presque dix heures quand le bus débarque les enfants sur le campus de l'université. La chambre que Caroline partage avec Jennifer, Chrissie et Laura est au premier étage d'un bâtiment situé en pleine verdure. Deux lits superposés la meublent, ainsi que quatre commodes semblables, quatre petits bureaux avec leur chaise. La moquette est beige, les murs blancs, les dessus-de-lit jaune canari, les meubles, sans caractère.

– *It's nice*, dit Laura sans en penser un mot.

– Très joli, renchérit Jennifer sans conviction.

Les choses doivent toujours être *nice* ! Ils sont comme ça, les Américains. Caroline l'a appris très vite. *Sorry* et *nice* sont les mots les plus employés de la langue.

– La jolie chambre ! s'exclame-t-elle en s'asseyant morte de fatigue sur une des chaises.

L'atmosphère met un peu de temps à se dégeler dans la chambre. Laura et Chrissie font bande à part au début, perchées au premier étage du lit de droite. Elles chuchotent des messes basses, pouffent, et les deux autres, qui ne se connaissent pas, se demandent de laquelle des deux elles se moquent.

Une phrase magique a tout arrangé.

– Je n'ai rien à me mettre pendant ces six jours, a dit Caroline piteusement. Ils ont perdu mon sac, à l'avion...

Rien à se mettre ? Avec tout ce qu'ont emporté Laura, Chrissie, Jennifer ? Pas de temps à perdre ! Il faut commencer les essayages... A minuit, elles y sont encore, les yeux ensommeillés, bâillant à qui mieux mieux.

– Il faudrait peut-être dormir, dit Caroline que Laura est en train de ficeler dans un pantalon trop large et trop long.

– Essaie encore cette ceinture, et puis nous nous coucherons. Tu décideras demain matin de la tenue...

Étonnant, le village de Williamsburg où le groupe passe la matinée le lendemain. Les maisons, les boutiques sont restées telles qu'au XVIIIe siècle. Les habitants portent les costumes et les perruques d'époque. On est dans un décor, sauf que ce décor est la véritable vie de Williamsburg.

Caroline prend beaucoup de photos avec l'appareil qu'elle a emprunté à son père, et qu'heureusement elle a gardé avec elle pendant le voyage. Elle porte un pull appartenant à Jennifer, un pantalon qui est à Laura, la ceinture de Chrissie. Celle-ci a même tenu à lui prêter ses boucles d'oreille.

Au déjeuner, hamburgers et hot-dogs sont servis dans une auberge du XVIIIe siècle par un serveur à perruque Louis XVI...

L'après-midi, la visite du premier bâtiment anglais, construit aux États-Unis il y a presque quatre cents ans, intéresse le groupe, à part Danny qui s'ennuie et crie à qui veut l'entendre qu'il aurait mieux fait de rester en Californie.

– La Virginie pue ! ne cesse-t-il de dire, en se bouchant le nez, aux autres qui ne l'écoutent pas.

De retour à l'université après le dîner, Caroline apprend que l'aéroport renouvelle ses excuses : son sac n'est toujours pas parvenu de Washington. Qu'à cela ne tienne. Une autre séance d'habillage et d'essayage ne fera de mal à personne. D'autant que là, la folie est totale : les quatre filles se déguisent avec tous leurs vêtements dont elles ont fait un grand tas au milieu de la chambre. Ensuite, elles essaient leurs maquillages.

A une heure du matin, elles se racontent leur premier chagrin d'amour.

– Tu n'as presque plus d'accent, disent-elles à Caroline, quand elle a fini de raconter le sien.

Le lendemain, le groupe déménage dans un foyer de jeunes à Washington même. Les chambres sont à six lits, maintenant. Presque des dortoirs. Au début, la bande des quatre fait grise mine à Gina et Sally. Mais personne ne résiste aux bonbons de Sally. Elle en a partout, dans toutes ses poches, dans son sac. Elle les offre comme elle les mange : sans compter. Il y en a au chocolat, à la guimauve, à la réglisse, au nougat...

Gina, elle, a une collection impressionnante de rubans, de serre-têtes, de barrettes, d'élastiques. La chambre n'a qu'un miroir. Quelle cohue, pour arriver à se voir à chaque nouvelle coiffure !

La visite de la Maison Blanche est amusante. Celles du musée d'art, de la bibliothèque du Congrès, de la Cour Suprême, un peu longues mais intéressantes. Malheureusement, il pleut sur le cimetière d'Arlington où se trouvent la tombe du soldat inconnu et celle de John Kennedy.

Une réussite, le pique-nique dans un jardin botanique et zoologique ! Et la mini-croisière sur le Potomac aussi : le groupe s'est mis à chanter de ces vieilles chansons américaines connues de tous, ici, car elles s'apprennent à l'école. Caroline en a eu les larmes aux yeux. Même Danny chantait.

Le dernier jour, passé à faire librement du

shopping en ville sans professeurs sur le dos n'a pas été triste, non plus.

Le lendemain, c'est le départ à l'aube, à Dulles, l'aéroport national de Washington. Caroline peut rêver pendant que les autres griffonnent leurs étiquettes de bagage. Elle se sent fière : elle sera la seule de sa famille à connaître la capitale du pays. Elle revient avec cinq amies à ses côtés. Cinq amies, ou cinq camarades ? se demande-t-elle, avec un souci de la précision.

Cinq bonnes camarades. Presque des amies.

Son sac d'affaires l'attend à San Francisco d'où il n'est jamais parti. La compagnie aérienne est *sorry*, naturellement !

HAPPY BIRTHDAY

C'est un samedi chaud et ensoleillé de la mi-mai. Caroline est invitée à l'anniversaire de Beryl, une fille de treize ans qui suit avec elle le cours de travaux manuels. La fête a lieu cet après-midi, entre trois et six heures. En attendant, Caroline doit trouver un cadeau d'anniversaire, ni trop cher ni pas assez, mais surtout, original...

Qu'est-ce qu'on offre à une petite Californienne de treize ans qui a déjà tout ce qu'il lui faut plus tout ce dont elle pourrait se passer ? M. et Mme Alexandre ont donné quelques idées ; Marie a ajouté les siennes. Nulles ! Les unes comme les autres ! a dit Caroline en secouant la tête. Comment peuvent-ils proposer des cadeaux aussi banals que de l'eau de toilette, un foulard, un chapeau de soleil, ou une corde à sauter...

Ils ont peut-être des idées nulles, mais elle, Caroline, n'en a pas du tout. La matinée avance, et il devient urgent de décider quelque chose.

Beryl adore les bracelets brésiliens en coton, mais Caroline ne peut décemment pas lui acheter un ou même plusieurs bracelets à deux malheureux dollars pièce. Elle adore aussi les chevaux. Caroline songe à un poster ou à un livre sur le sujet, mais comment savoir si elle n'en possède pas des douzaines... Impossible de choisir une cassette : elle en a tant que Caroline risquerait d'en apporter une qu'elle a déjà.

Les invités doivent d'abord se retrouver à la patinoire. Six filles de l'école sont déjà devant l'entrée. Beryl, une paire de patins flambant neufs sur l'épaule, compte ses invités.

– Tu as bien ton cadeau ? s'enquiert Mme Alexandre. Et l'argent pour la location des patins ?

Caroline a tout. Elle se précipite vers ses camarades. En reprenant le parking en sens inverse, Mme Alexandre passe près de sa fille, et fenêtre ouverte, lui lance :

– Et merci maman pour le transport en voiture...

Caroline fronce le nez. Merci ? Pour ce petit trajet qui a dû prendre en tout dix minutes ? Que ferait-elle de ses longues journées, maman, si elle n'avait pas de temps en temps ses enfants à conduire ici ou là...

Dans son paquet, sont emballés trois petits animaux en cristal : une tortue, un phoque, un écureuil, trois animaux familiers des Californiens. Beryl a une passion pour les petits objets, les peluches miniatures, les poupées de chiffon...

Caroline s'est ruinée, avec ces objets en cristal choisis dans une bijouterie, mais elle craignait tellement de ne pas en faire assez ! Il ne serait pas dit que les Français sont des pingres ou des fauchés, au regard des Californiens !

La mère de Beryl collecte les paquets qu'elle emportera à la maison pendant que sa fille et ses amies iront s'ébattre sur la patinoire. Caroline se demande où sont les garçons de la fête. Serait-il possible que pour un anniversaire, une petite Américaine de treize ans n'en ait invité aucun ?

Il fait frais dans la patinoire. C'est la première fois que Caroline en voit une de près. La vitesse de certains patineurs est impressionnante. Au fond, un espace est réservé pour des cours de patinage artistique. Une petite fille de trois ans à peine est en train d'apprendre à patiner à reculons, tandis qu'une autre, à peine plus haute, fait des huit inlassablement.

– Youh ! Youh ! s'exclament deux grands garçons en voyant les neuf filles entrer en rang serré sur la piste.

Nez en l'air, attitudes de princesses, elles font comme si elles n'avaient rien vu, rien entendu. Caroline qui croyait qu'avec son passé de danseuse, elle n'aurait qu'à s'élancer sur la glace, patins aux pieds, pour évoluer comme une championne olympique, a des surprises : les patins accrochent la glace et refusent de glisser par moments ; à d'autres, ils filent tous seuls en l'oubliant, et elle se retrouve assise par terre.

– Puis-je te donner un coup de main, *peanut*, dit un grand garçon noir en lui tendant une main.

Il a un *look* d'enfer. Cheveux rasés sur les côtés et derrière. Au sommet de la tête, une pyramide inversée de cheveux défrisés et dressés en l'air à cinq bons centimètres de hauteur.

Caroline cherche des yeux ses amies, mais le groupe toujours aussi compact est à l'autre bout de la patinoire.

– Non merci, dit Caroline. Il faut que j'aille resserrer mes lacets...

A quatre pattes, sans se soucier de son style, elle se précipite hors de la piste, s'assied sur un banc, et fait mine de relacer ses patins parfaitement lacés. Après avoir haussé les épaules, le garçon est reparti.

Quand ses camarades passent à sa hauteur, Caroline se glisse dans leur groupe. Elles se tiennent par la main ; Caroline saisit celles de Chrissie et de Donna et s'élance en espérant que ses pieds feront ce qu'elle attend d'eux...

Au bout des deux heures, elle a l'impression d'avoir patiné toute sa vie. Le moment est venu d'aller fêter plus sérieusement l'anniversaire de Beryl. Les patins sur l'épaule, chevelures en batailles, et joues bien roses, les neuf filles parcourent une centaine de mètres pour arriver à la maison de briques de Beryl.

Un énorme chien poilu et baveux se jette sur sa maîtresse puis sur toutes les fillettes sans exception.

– Quelle horreur ! s'exclame Chrissie avec une grimace de dégoût. Il est immonde ce chien. Va-t'en ! Va-t'en ! Beryl, débarrasse-moi de ton chien répugnant.

Caroline n'en pense pas moins, mais elle

n'oserait dire à un propriétaire de chien des paroles aussi désagréables sur son animal. Pas plus vexée que cela, Beryl attire vers elle sa chienne en l'attrapant par les oreilles.

Les voilà dans l'entrée de la maison, une petite pièce raffinée à la moquette pâle et entourée d'étagères garnies de bibelots. Les filles laissent tomber au sol leurs patins en poussant des soupirs de fatigue. Les lames encore chargées de glace font des gros ronds mouillés sur la moquette.

La mère de Beryl sort de la cuisine, un petit tablier autour de la taille.

– Bonjour, les filles, dit-elle avec un grand sourire. Venez avec moi à la cuisine. Vous m'aiderez à disposer la table...

– Où sont les toilettes ? demande Linda.

– Est-ce que je peux prendre une douche ? demande Chrissie. Le chien m'a salie, et j'ai beaucoup transpiré à la patinoire.

– J'aimerais me recoiffer, dit Lindy.

Mme Porter indique aux unes et aux autres où aller pour remplir ces urgences. Caroline et Beryl se retrouvent seules à aider la maman à mettre les assiettes, les verres, à apporter le gâteau d'anniversaire et les friandises, puis à installer les cadeaux sur le buffet.

Beryl déballe un petit disque compact contenant les dernières chansons d'une star de rock.

– Je l'ai déjà, dit-elle. Qui m'a apporté cela ?

– Moi, dit Tania. J'irai te le changer dès ce soir. Quel chanteur voudrais-tu ?

– Écoute, des disques, j'en ai tellement... Tu ne voudrais pas trouver autre chose ?

Caroline a du mal à croire qu'elle entend bien ce qu'elle entend. Quel sans-gêne, ces filles !

Tania reprend son disque.

– Je sais, dit-elle. Je vais t'acheter une petite trousse de maquillage. J'en ai vu une super à l'Emporium...

Les autres cadeaux ont plus de succès, heureusement. Tout de même, à la fin, Beryl ne peut s'empêcher d'observer :

– C'est drôle, vous êtes huit, et je n'ai eu que sept objets...

Lindy rougit et se fait minuscule.

– Je n'ai pas eu le temps. Je t'en apporterai un à l'école demain...

Mme Porter apporte le gâteau.

– Vous l'avez fait vous-même ? demande Lynn à la maman. Ma mère fait toute la pâtisserie elle-même. Elle dit que les traiteurs n'utilisent que des vieux œufs pourris...

Dieu merci, la mère de Beryl a fait elle-même le gâteau.

– Qu'est-ce que vous avez mis dedans ? interroge Cynthia.

La mère de Beryl commence à donner la recette mais s'arrête vite car Cynthia écoute Donna racontant son cauchemar de la nuit. Un fracas dans les escaliers : le frère de Beryl, la tête et les oreilles prises dans un casque de walkman fait son entrée. Le reste de l'appareil est accroché à sa ceinture. La musique des écouteurs est si forte qu'on l'entend dans la pièce.

– J'ai senti la bonne odeur de gâteau, hurle-t-il, comme font toujours ceux qui parlent aux autres sans enlever les écouteurs de leurs oreilles.

– Chut ! lui crient les convives. Nous ne sommes pas sourdes.

Le garçon s'assied entre Beryl et Caroline et sans enlever son baladeur, attrape une part de gâteau qu'il commence à manger en agitant la tête et les épaules au rythme de sa cassette. Il est venu se restaurer, et non faire la conversation. A quinze ans, que pourrait-il avoir à dire à ces gamines de douze et treize ans ?

– Si on chantait la chanson d'anniversaire, propose la mère de Beryl en allumant les bougies.

Elles l'entonnent, et chantent leur couplet tellement fort que Rickie se rend compte qu'il se passe quelque chose. Il va jusqu'à écarter un des écouteurs. Reconnaissant le débile couplet *Happy birthday to you,* il replace le casque et sourit aux anges vociférant dans ses haut-parleurs.

La chanson terminée, Linda demande la parole :

– Est-ce qu'on pourrait mettre la télé ?

Le samedi à cette heure, il y a une émission

de jeux que pour rien au monde elle ne manque. Pourquoi pas, la télévision ? Plus il y a de sons, plus on rit...

Caroline reconnaît l'émission qu'elle a vue une fois, où les candidats reçoivent des tartes à la crème dans leurs pantalons. Le silence attentif est parfois traversé de rires éperdus, de cris d'émotion liés au sort des différents candidats.

– Madame Porter, dit tout à coup Cynthia, vous n'auriez pas autre chose à boire ? J'ai horreur des sodas.

– Un jus d'orange ? propose la mère de Beryl.

– Hum... Qu'est-ce que vous avez d'autre ?

– Du jus de pamplemousse, de tomate...

– Heurk, fait Cynthia, attendant la suite.

Comme il n'y a pas de suite, elle insiste :

– Vous auriez du thé ?

– Chaud ou glacé, demande sans sourciller la dame, comme si elle était la serveuse d'un bar ou d'un hôtel.

Elle quitte la pièce pour aller faire un thé à Cynthia. Caroline songe à la réaction de sa mère si elle se trouvait confrontée à de telles pestes...

La fin de l'émission donne le signal du départ. Les fillettes font la queue auprès du téléphone pour demander à leurs parents de venir les chercher. Caroline et sa mère étaient convenues de se retrouver à six heures devant la maison de Beryl.

– Alors, cette fête, ma grande, dit Mme Alexandre à Caroline qui boucle sa ceinture.
– Génial, le patin à glace.
Sa mère aimerait plus de détails, mais Caroline s'arrête là.
– Et le goûter ? insiste-t-elle, au risque de se faire rabrouer...
– Super, fait Caroline.
Après une minute de silence, elle ajoute :
– Quand même, les enfants, ici, ils ne sont pas élevés comme nous...

LA DERNIÈRE DANSE

Cette fois, Caroline a dit oui, lorsque Beckie lui a demandé si elle irait à la fête du club des jeunes de Palo Alto. Chaque mois, le comité des fêtes de la ville invite les classes de septième et huitième de toutes les écoles de Palo Alto à une soirée dansante.

Les organisateurs pensent qu'on évite le risque de bagarres, lorsqu'il n'y a pas de gros écarts d'âge entre les participants d'une fête. Pour cela, les soirées regroupent deux par deux les différents niveaux de classes. Les élèves de septième et huitième dansent le premier vendredi de chaque mois. Les neuvièmes et dixièmes ont leur fête le vendredi de la semaine suivante. Le troisième vendredi du mois est réservé aux grands, ceux de onzième et douzième.

Chaque école envoie un ou plusieurs professeurs volontaires pour surveiller la bonne marche des choses. On ne plaisante pas ici sur les questions de morale, d'alcoolisme, de drogue...

Des parents faisant partie du comité des fêtes aident aussi à filtrer les entrées, et surveillent les abords.

– Est-ce qu'un garçon t'a invitée à y venir avec lui ? s'informe Beckie curieuse.

– Non, répond Caroline. Pourquoi ? Faut-il être accompagnée ?

Beckie la rassure. Chacun fait ce qu'il veut. La seule obligation : appartenir à une école secondaire de Palo Alto et être élève de septième ou huitième.

– Et toi, tu as été invitée par un garçon ? demande Caroline.

– Oui, fait Beckie l'air important. Je n'ai jamais été à une fête de ce genre sans qu'un garçon m'ait demandé d'y aller avec lui. Comme ça je suis sûre de ne pas me faire embêter...

Elle ne donne pas plus de détails. Elle n'a pas le temps de bavarder : son cours de violon l'attend.

– Je n'aime pas le violon, dit-elle en s'éloignant, mais mes parents...

Elle saisit d'une poigne ferme ses beaux cheveux blonds et les replace derrière les oreilles. Caroline n'a jamais vu un geste plus élégant.

A la maison, Nicolas, appuyé contre le réfrigérateur, donne une sorte de spectacle de marionnettes avec son nouveau jouet. Mme Alexandre et Marie, bon public, poussent des cris de dégoût et d'horreur. Plus hideuse que toutes les créatures monstrueuses qu'ont pu inventer jusque-là les industriels du jouet, la chose que Nicolas agite au bout de son bras, roule ses yeux de verre, grimace avec une bouche rouge ornée d'une dent unique, bouge des bajoues flasques et verdâtres.

– Encore à jouer avec ce stupide *boglin* ! soupire Caroline. On ne peut plus se promener dans Palo Alto sans voir les petits vous agiter sous le nez leurs immondes *boglin* visqueux ! Au fait, maman, pourras-tu me conduire vendredi soir à la fête du club des jeunes ?

– Et venir te rechercher sans doute ? demande sa mère. Parle-moi de cette fête. Qui l'organise et où se passe-t-elle ?

Caroline ne va pas se fatiguer à énumérer ces détails de vive voix alors que l'école a distribué un livret entier sur le comité des fêtes et ses activités. Mme Alexandre lit attentivement les explications et descriptions. Ici, plusieurs fois par jour, des messages télévisés conseillent aux parents d'être vigilants, de toujours savoir où sont leurs enfants et avec qui... En France, elle était nettement moins méfiante...

« Surtout pas de tenue habillée », a expliqué Beckie. Tu mets la même chose que pour aller à l'école...

La mère de Caroline et celle de Beckie se sont partagé le travail : Mme Alexandre ira rechercher les filles à la fin de la soirée. Mme Wilkinson les emmènera là-bas pour sept heures du soir.

Lorsque la grosse voiture large comme un bateau les dépose devant la salle des fêtes, les portes de l'entrée ne sont pas encore ouvertes.

Çà et là, des groupes de garçons et de filles discutent.

– J'ai rendez-vous avec Mike devant le gros sapin là-bas, dit Beckie. A tout à l'heure, à l'intérieur...

Caroline vérifie qu'elle a bien sa carte de membre du club, et les deux dollars que coûte l'entrée. Elle cherche une tête familière. L'attente serait plus confortable avec quelqu'un à qui parler. Beaucoup de visages lui sont inconnus : c'est vrai qu'il n'y a pas que les élèves de son école, ce soir. Elle aperçoit Kevin, le garçon de huitème qui vient souvent à ses séances de conversation française. Comme il bavarde avec trois autres garçons qu'elle n'a jamais vus, il est hors de question d'aller vers lui.

La porte double s'ouvre. Aussitôt, filles et garçons s'approchent et commencent à former une queue. Deux adultes se tiennent de chaque côté de l'ouverture. Sur deux files, les jeunes s'avancent et présentent leurs cartes aux responsables. Une fois dans le hall, ils vont échanger leurs deux dollars contre un ticket d'entrée. Munie de son billet, Caroline s'approche de la porte donnant accès à la salle de danse. Un homme de deux mètres la maintient ouverte à l'aide de son pied droit qui doit bien chausser du 47. Il tend la main pour prendre le ticket de Caroline. Celle-ci, soudain affolée, n'a plus envie d'entrer. C'est sûr, elle va être seule. Elle ne connaîtra personne. Beckie ne sera pas disponible. Jennifer, Chrissie, Laura, Karen, Linda qui toutes avaient dit qu'elles viendraient ne sont pas là ; elle ne les a pas vues dans la queue. Elle va rester plantée pendant que les autres danseront, discuteront...

– Oh, miss France ! dit Kevin qui arrive, son ticket violet à la main.

Il l'appelle toujours miss France depuis la première conversation qu'ils ont eue ensemble à la bibliothèque. Caroline ne sait si elle doit s'en vexer ou s'en trouver flattée.

– Tu n'entres pas ? dit-il en s'engageant dans l'entrée tandis que Caroline hésite toujours sur le pas de la porte.

– Euh... si, mais j'attendais quelqu'un.

– Un garçon ? demande-t-il en clignant l'œil droit.

– Non.

Caroline hausse les épaules.

– Mes amies...

A cet instant, des deux énormes haut-parleurs installés sur la scène de la salle, jaillit à toute volée une musique de batterie et guitares électriques. Les lumières du plafond s'éteignent, remplacées par les lueurs de toutes les couleurs venues de grosses boules disposées en hauteur et le long de la scène. Certaines clignotent. Les murs se mettent à bouger, le plafond et le parquet à vibrer. Un homme sur la scène s'adresse au public qui commence à affluer dans la salle.

– Dernière danse de l'année scolaire pour

vous, amis de Palo Alto... Musique exceptionnelle : je vous ai choisi, bien sûr, ce qu'il y a de meilleur, et je n'ai pas oublié les slows ! Ne vous croyez pas obligés d'attendre la troisième chanson pour vous mettre à danser ! La fête commence ! Musique !

Il s'agite au beau milieu de la scène invitant les garçons et les filles à en faire autant.

Les petits groupes de dehors se reforment le long des murs. Personne ne suit les demandes pressantes de l'animateur. La piste est vide. Kevin pince le bras de Caroline, montre d'un geste du bras la piste et dit :

– *Ready to go ?*

Danser pour Caroline, qu'il s'agisse de danse classique ou de danses modernes, n'est jamais un problème et toujours un plaisir.

– O.K., dit-elle.

Ils commencent à danser au bord de la piste, puis s'enhardissent jusque vers le milieu, alors que les autres les encouragent en sifflant et en criant. Lorsque la deuxième chanson succède à la première, six ou sept filles les rejoignent, bientôt suivies de quelques garçons.

Comme en France, chacun fait ce qu'il veut de ses jambes et de ses bras suivant son oreille et son sens du rythme. Le résultat est intéressant et varié : un garçon tourne sur lui-même inlassablement en agitant les bras, mains en l'air. Un autre fait du surplace en ne bougeant que la tête. Une fille fait passer ses cheveux de l'épaule droite à l'épaule gauche à toute vitesse.

Les uns se déhanchent, les autres avancent et reculent, certains dansent d'un pied sur l'autre, yeux fermés, yeux ouverts, tête levée, tête inclinée. Chacun pour soi, que ça plaise ou non.

Caroline se sent du souffle et une grande légèreté. Elle pourrait danser des heures durant sans peiner, comme lorsqu'elle exécute ses exercices de danse classique. Rien à voir avec la course à pied et les entraînements de basket de l'école, qu'elle hait.

– On danse comme ça, maintenant, en France ? hurle Kevin pour se faire entendre.

– Moi, je danse comme ça, réplique Caroline. Les autres...

Et elle se met à imiter les cent façons de faire de ses anciens camarades de Chevry.

– *Oh yes ?* fait Kevin ébloui par la démonstration.

A la troisième chanson, la piste est remplie. Maintenant, on a même du mal à ne pas heurter une oreille, une main, un pied. Caroline aperçoit Jennifer et Gina. Elle leur fait signe de se rapprocher. Elle n'est pas mécontente de montrer qu'elle danse avec un garçon de huitième.

Mais l'animateur a la mauvaise idée de mettre un slow. Instantanément la piste se vide de ses occupants. Seuls cinq couples se prennent par les épaules et continuent à danser. Des garçons et des filles venus ensemble.

– Je vais boire un Coca-cola, dit Kevin. *Coming ?*

Dans le hall, le long du mur du fond, est installé une sorte de bar où l'on peut acheter des jus de fruit, des boîtes de soda et des sachets de cacahuètes. Deux hommes en chemise blanche servent les boissons et encaissent l'argent. En fait de *barmen*, il s'agit de parents d'élèves appartenant au comité des fêtes.

Caroline choisit un Seven up, et paie avec des pièces qu'elle sort de sa chaussure. Elle fait toujours cela pour ne pas s'encombrer d'un sac ou d'un porte-monnaie.

La porte donnant sur l'extérieur est ouverte, laissant entrer l'air frais et parfumé d'une nuit d'été californienne.

C'est alors qu'un groupe bruyant fait son apparition dans le hall, ou plutôt tente d'y pénétrer, car immédiatement, les deux hommes chargés de filtrer les arrivées font barrage, et demandent à voir la carte de membre de chacun.

Caroline n'en croit pas ses yeux. Plus elle observe les deux filles sur le seuil et plus il lui semble reconnaître Chrissie et Laura, mais dans quel état ! Elles ont revêtu « l'uniforme » de toutes les filles de onzième et douzième, cette année en Californie et sans doute dans l'Amérique entière : elles sont entièrement vêtues de noir : jupe noire, collants et souliers noirs, veste noire par-dessus un chemisier noir. Ajoutez à cela des cheveux teints en noir corbeau, crêpés droit vers le ciel tout autour de la tête, et un maquillage blanc, même sur les lèvres et les paupières...

Des filles comme cela, les grandes classes peuvent en fournir des légions : c'est la mode chez les seize-dix-huit ans. La mode tragique, fatale, macabre, *destroy*, appelez cela comme vous voudrez. Mais personne dans les petites classes ne s'est jamais présenté avec un tel *look*.

– Laissez-nous entrer, quels abrutis, ces types ! hurle Chrissie avec une drôle de voix suraiguë et ralentie.

Les abrutis en question, qui sont deux professeurs de Palo Alto volontaires pour assurer la sécurité pendant la fête, sentent la moutarde leur monter au nez.

– Vous allez être polis pour commencer, exige l'un, et me montrer vos cartes du club. Et vite !

Les trois garçons qui les accompagnent, beaucoup trop vieux pour être des élèves de septième ou huitième, font mine de fouiller dans leurs poches.

– Alors dehors ! dit le deuxième professeur, et vite, ou j'appelle la police.

Un des garçons croit spirituel d'imiter avec sa bouche la sirène des voitures de police.

– Dehors ! Vous n'avez rien à faire ici !

Chrissie et Laura, elles, ont exhibé leurs cartes de membre et agitent leurs dollars pour obtenir un billet d'entrée.

– S'il vous plaît, laissez-les venir avec nous, dit Laura en s'accrochant à la veste de l'un des professeurs. Ce sont nos petits amis. Nous ne pouvons pas aller danser sans eux...

« Elles ont bu de l'alcool, se dit Caroline. Elles n'ont plus la même voix ! » Déjà, parmi les élèves présents au bar circulent les mots de drogue, d'alcool...

Le professeur repousse Laura et explique avec patience :

– Jeunes filles, si vous vous tenez correctement et réglez vos entrées, j'accepte de vous laisser passer, mais seules. Ces jeunes gens n'ont rien à faire ici.

Avec répugnance, une des femmes donne à Chrissie et Laura des tickets violets contre leurs quatre dollars.

En se dandinant et en riant bruyamment, les deux filles se dirigent vers la salle de danse. Elles sont passées à moins d'un mètre de Caroline sans la voir. Caroline, elle, a bien reconnu l'odeur de whisky à leur passage. Qu'est-ce qui leur a pris ? Se déguiser, d'accord, mais boire...

Les deux professeurs décident de fermer la porte d'entrée. Tant pis pour les retardataires. A peine les battants refermés, les portes se mettent à vibrer et résonner. Les trois garçons se vengent d'avoir été refoulés en tapant dessus comme des forcenés.

La dame en rose, celle qui a vendu les billets d'entrée à Laura et Chrissie décroche le téléphone posé sur sa table.

– Tu viens, j'ai envie de retourner danser, dit Caroline à Kevin.

– O.K., dit Kevin.

Une musique genre *hard rock* les saisit aux

oreilles à peine le seuil franchi. Les boules vertes clignotent en alternance avec les rouges. L'animateur est en train de repousser Laura qui, vacillante sur ses jambes noires, est montée sur la scène et essaie de lui emprunter son micro. Caroline se fraie un passage parmi les danseurs. Arrivée près de Beckie et Mike, elle s'arrête et commence à danser. Kevin se poste en face d'elle.

Trois morceaux endiablés se succèdent. Il fait très chaud dans la salle. Tout le monde transpire. Puis commencent les premières mesures d'un rock des années soixante.

Soudain, les boules de couleur s'éteignent et la lumière ordinaire du plafond s'éclaire. La musique cesse, comme si la fin de la fête avait sonné. Il n'est même pas huit heures ! Qui s'amuse à faire une farce pour la dernière danse de l'année ? Les garçons et les filles, éblouis par les néons du plafonnier restent figés dans l'expectative. Certains pensent au tremblement de terre, celui qu'on attend tous les jours... Serait-ce une alerte ?

La porte de la salle s'est ouverte en grand. Alignés sur le seuil, les adultes responsables de la sécurité s'effacent pour laisser le passage à ...deux policiers qui se plantent jambes écartées à l'entrée de la salle et commencent à observer la foule de jeunes. L'un et l'autre ont une stature imposante : larges visages, épaules massives, gros estomac faisant une bosse au-dessus de leur ceinturon hérissé des diverses pièces de leur attirail : revolver dans un étui noir, matraque, carnet de contraventions, menottes, talkie-walkie. Sur la poche de poitrine de leur chemise, brille l'écusson métallique : *Police.*

Celui à la petite moustache reste campé devant la porte comme pour empêcher quiconque de s'enfuir. L'autre vient d'apercevoir Laura assise par terre sur la scène. Il bondit en haut des marches, lui saisit un bras, et clic, en deux temps trois mouvements, lui met des menottes aux poignets.

Un cri d'horreur s'échappe involontairement des uns et des autres.

Après avoir conduit Laura à son collègue, il entame une inspection des lieux. Contre le mur de gauche, il aperçoit Chrissie et reconnaît immédiatement la description faite par les hommes du bar et les dames de l'entrée. Avant même qu'elle ait compris ce qui lui arrivait, Chrissie se retrouve les mains emprisonnées, et poussée vers la sortie avec son amie.

Le silence et la consternation paralysent les jeunes de septième et huitième de Palo Alto. Un instant après que les portes se soient refermées sur les deux filles en noir et leur terrible escorte, les lumières de la fête reviennent, la chanson reprend exactement où elle s'était arrêtée. On fait comme si rien ne s'était passé ; comme si le drame n'avait pas eu lieu.

Mais il faut au moins cinq morceaux pour qu'un semblant d'ambiance revienne. Et ce n'est qu'une apparence. Le cœur n'y est plus.

L'animateur ne parvient pas à les faire rire, danser, oublier.

Là-bas, dans l'entrée, la dame en rose n'a pas bonne conscience. Elle voulait seulement que la police les débarrasse des indésirables, trop agressives.

Caroline n'oubliera pas. Pendant des mois, le seul passage de la voiture blanche de la police de Palo Alto la fera frissonner. Elle se demande si elle ira l'an prochain aux fêtes du Youth club.

Tout de même, la musique était bonne, la danse géniale ! Et Kevin si gentil.

VOUS AVEZ DIT
« ESPAGNOL » ?

Voilà un an qu'un « Géant » français a ouvert ses portes automatiques à Palo Alto, premier magasin de la chaîne à s'installer aux États-Unis. Cet anniversaire va se fêter en grande pompe dans le magasin même, avec les clients et le personnel. Puis une deuxième réception aura lieu dans un hôtel chic de Palo Alto avec tout le gratin de l'entreprise : on attend le P.D.G. et les cinq vice-présidents du groupe « Géant » qui vont venir spécialement de France pour assister à l'événement.

Marie et Nicolas sont trop petits, mais Caroline est conviée à la fête. Elle a même accepté de porter pour la circonstance une robe qui ne sera ni trouée, ni tailladée aux ciseaux, ni délavée, ni ultra-courte, ni longue à s'y prendre les pieds...

La vie n'est pas si « nulle » pour Caroline en ce mois de janvier. Elle est en huitième et suit le programme normal des enfants américains : fini l'anglais pour étrangers.

Elle a sa place au club des journalistes de l'école, et écrit un article par mois, en général sur les shows ayant lieu à l'école : concerts, récitals poétiques, théâtre, concours d'improvisation, et autres spectacles donnés par les élèves.

Elle est *cheerleader*. Ses parents rient quand ils la voient partir avec l'accoutrement adéquat, surtout les espèces de plumeaux aux rubans de papier crépon !

Elle a un *boy friend* presque attitré, un de ces as du *skateboard* qui semblent être nés avec la planche et ses quatre roues en guise de pieds. Il ne danse qu'avec Caroline aux bals du club des jeunes de Palo Alto. Quelquefois, ils vont manger une glace ensemble le samedi chez *Bud's*, le glacier, où tous les jeunes de l'école se retrouvent.

Elle travaille la danse classique au rythme de deux cours seulement par semaine, car elle est très occupée, cette année.

Elle a deux amies, des vraies : Beckie, sa voisine, et Jennifer, qui suit les mêmes cours qu'elle sauf celui de cuisine ; plus une foule de camarades avec qui elle fait des virées en vélo, des pique-niques, et dont elle connait les secrets.

Chaque fois que le téléphone sonne à la maison, on peut être sûr que c'est pour elle. A peine la sonnerie se déclenche-t-elle, que sans même décrocher, les uns et les autres appellent Caroline.

C'est la fin de l'après-midi. Sur le parking du supermarché, des tables et des chaises de jardin sont installées. Deux haut-parleurs diffusent de la musique. Clients et employés goûtent toutes sortes de spécialités françaises régionales.

A sept heures, les convives se dispersent. Dans une heure, commencera le vrai cocktail, à l'hôtel Hyatt de Palo Alto. C'est la première fois de sa vie que Caroline met un pied dans le monde mystérieux des présidents d'entreprises, des directeurs en tout genre : non seulement l'état-major de « Géant » sera là, mais tous les fournisseurs du supermarché.

Après avoir laissé Nicolas et Marie aussi furieux qu'inquiets aux soins d'une baby-sitter qu'ils ne connaissent pas, Mme Alexandre et Caroline gagnent l'hôtel où a lieu le cocktail. Au moment où elles entrent, le président, un verre de champagne français à la main porte un toast à la réussite de « Géant » dans le monde.

Son anglais fait rire Caroline qui n'a aucune indulgence pour le charabia que parlent en général les adultes français dans la région.

Le P.D.G. est si content de ce « Géant »-là, qu'il va en ouvrir cinq autres dans différents États d'Amérique : Atlanta, Detroit, Washington D.C., Boston et Houston peuvent se réjouir, les premières planches de leur futur « Géant » ne vont pas tarder à être clouées.

– Prochaine étape, poursuit le président, l'Amérique du Sud : il y a de fortes chances pour qu'un « Géant » ouvre au Venezuela avant un an... Ensuite, on songera, pourquoi pas, à l'Australie.

Caroline ne sait trop quoi faire lorsque les discours sont finis et que les uns et les autres vont se servir à manger, à boire, se retrouvent, discutent, présentent celui-ci à celui-là qui ont justement tellement de choses à se dire. Son père s'approche d'elle et l'emmène du côté du buffet. Le P.D.G. est en train de se faire servir une autre flûte de champagne. Il est ravi de faire la connaissance de la fille aînée de M. Alexandre. Se plaît-elle, ici ? Et comment ! Caroline se plaît énormément aux États-Unis.

Et l'école ? L'adaptation n'a-t-elle pas été trop difficile ? L'adaptation ? Quelle adaptation ? Et comme langue, apprend-elle autre chose que l'anglais ? Fait-elle de l'espagnol ? Elle devrait apprendre l'espagnol !

– Ah ? fait Caroline, car on ne dit pas non au patron de son père.

Mais pourquoi apprendrait-elle l'espagnol ?

– Une belle langue, l'espagnol, insiste-t-il. Et utile ! Des millions de personnes la parlent en Amérique du Sud, sans parler de l'Espagne.

Il s'éloigne précipitamment, au grand soulagement de Caroline qui finit avec délice le petit canapé au saumon qu'elle avait dans la main.

Quel drôle de type, avec son espagnol...

L'AUTEUR

MARIE-NOËLLE BLIN est née en 1944 dans un petit village de l'Ile de France. Elle a longtemps travaillé dans l'enseignement comme professeur de lettres, responsable de C.D.I., formatrice d'enseignants à l'utilisation de l'informatique, puis est partie vivre en Californie dans la région de San Francisco avec son mari et ses deux fils. Depuis son premier roman pour la jeunesse *Petite guerre pour une grande maison* paru en 1979 dans la Bibliothèque de l'Amitié elle a publié cinq autres livres pour enfants, dont un album illustré.

Le thème qui revient dans presque chaque ouvrage et qui la passionne : les difficultés à coexister des mondes adulte et enfantin. Son ambition : reproduire le plus fidèlement possible le dialogue de sourds enfants-adultes, en essayant de lui conserver son mélange d'humour et d'amertume.

L'ILLUSTRATRICE

MAÏTÉ LABOUDIGUE est née en 1957 à Vendôme dans le Loir et Cher.

Elle dessine depuis sa plus tendre enfance.

Après avoir suivi pendant quatre ans les cours de l'école des Beaux-Arts d'Orléans, elle se lance dans l'illustration de livres et de journaux pour la jeunesse. Elle aime la nature et s'efface timidement derrière les images qu'elle dessine pour les jeunes lecteurs.

AUTOUR DE

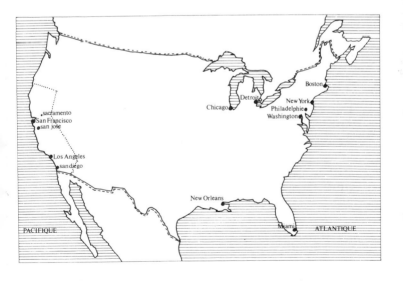

LA CALIFORNIE

La Californie surnommée *The Golden State*, est la région où tous les pionniers rêvaient de s'installer car on y trouvait de l'or, un climat favorable et un sol riche...
La Californie est le troisième plus grand état des Etats-Unis, après l'Alaska et le Texas, et le plus peuplé.

● La Californie doit faire face à trois grands problèmes :
— la menace permanente de tremblements de terre le long de la faille *San Andreas Fault*,
— le manque d'eau (malgré réservoirs, barrages...) et les risques d'incendie,
— le smog dans les régions urbaines, smoke + fog (fumée + brouillard) mélange de pollution et de conditions atmosphériques spécifiques.

● Los Angeles est la plus grande ville de Californie, peuplée d'environ 10 millions d'habitants. Elle s'étend sur près de 150 kilomètres en incluant les villes-banlieues adjacentes. Impossible de visiter Los Angeles sans voiture, c'est pourquoi on l'a surnommée *City-on-Wheels* (La Cité sur roues).
Hollywood se trouve au cœur même de Los Angeles, de Sunset Boulevard jusqu'à Beverly Hills. On peut y visiter des studios de cinéma (*Universal* par exemple). C'est toujours le haut-lieu de la production cinématographique mais surtout le centre de la production télévisuelle.

● San Francisco n'était, à l'époque de la ruée vers l'or, qu'un petit village. Le village est devenu un port d'envergure avec ses quelques

750.000 habitants et le centre financier de la côte Ouest.
Dans les rues, on voit encore les *cable cars*, tramways qui sont la fierté de la ville. Nichée sur et entre des collines escarpées, San Francisco ne ressemble à aucune autre agglomération et les poursuites spectaculaires de voitures dans ses artères genre montagnes russes ont fait le succès de nombreux films.

L'IMMIGRATION

Les premiers documents officiels sur l'immigration datent de 1820, époque à laquelle quelques 5 000 personnes arrivaient chaque année. Ce nombre croît de façon vertigineuse si bien qu'en 1890, on compte plus de 15 millions d'immigrés, la plupart venant de l'Europe du Nord : Allemands, Anglais, Irlandais, Scandinaves.
Ils s'installent de plus en plus à l'Ouest et créent leurs petits royaumes : *New England, New Italy...* et leurs villes : *Holland, New London...*
Suit une vague d'immigrants en provenance de l'Europe centrale et de l'Est. Leur statut restera en deçà de celui des premiers arrivants.
Dès le début du 20e siècle, de nombreuses restrictions à l'immigration sont mises en place. En dépit de cela, plus de 45 millions d'immigrants seront arrivés aux USA entre 1820 et 1970. C'est ce qu'on appelle le *melting pot* où se retrouvent des gens de races, cultures et croyances différentes qui, à force de se cotoyer, développent des similarités plus distinctes que leurs différences.
Toute personne née sur le territoire américain possède automatiquement la nationalité américaine. Dès la seconde génération d'immigrants, il y a une totale acceptation institutionnelle.

LE SYSTÈME POLITIQUE AMÉRICAIN

La Constitution des États-Unis est basée sur deux grands principes :
- **le fédéralisme :** les 50 états qui forment le pays gardent leur souveraineté, liberté et indépendance.
- **la séparation des pouvoirs :** le pouvoir exécutif est aux mains du président ; le pouvoir législatif aux mains des deux chambres ; le pouvoir judiciaire est indépendant et aux mains de la Cour Suprême.

Les deux grands partis américains sont :
Le parti républicain, conservateur et opposé au pouvoir fédéral. Parmi les présidents républicains : Nixon, Reagan, Bush...
Le parti démocrate, plus libéral et qui favorise un contrôle fédéral plus important. Parmi les présidents démocrates : Roosevelt, Kennedy, Carter...

MANGER À L'AMÉRICAINE

- Aux U.S.A., on peut goûter à toutes sortes de cuisines : chinoise, indienne, italienne, mexicaine, polynésienne...
San Francisco est célèbre pour ses restaurants chinois ainsi que Los Angeles et son *Chinatown*. A New York, *Little Italy* est un quartier purement italien aux relents de pâtes et de pizzas.

- Si vous préférez manger américain et à l'améri-

caine, vous commencerez la journée par un petit déjeuner copieux : jus d'orange, céréales, toasts, œufs, jambon ou petites saucisses, confiture...
Dans les *coffee-shops*, il faut essayer les délicieuses *pancakes*, petites crêpes épaisses qu'on recouvre de beurre et de sirop d'érable ou encore les *french toasts* qui ne sont pas des toasts français mais du pain perdu.

● Le déjeuner est plus léger qu'en France ; en général on se contente de sandwiches, ou d'une salade et d'un fruit. Les charcuteries locales (*delicatessen*) vous prépareront des sandwiches sur mesure : au thon, au roast beef ou à la dinde par exemple. On peut préférer l'incontournable hamburger chez *MacDonald*, *Burger King* ou *Wendy's* ou celui souvent meilleur d'une caféteria.

● Pour le dîner — qu'on mange très tôt, entre 17 h et 19 h, selon les endroits, les familles et les habitudes — on se retrouve autour d'une table copieusement garnie : entrée ou soupe, viande ou poisson, salade et dessert, c'est le véritable repas complet de la journée, outre le petit déjeuner. Quelques spécialités à essayer à cette occasion : les langoustes (*lobsters*) du Maine, les barbecues du Middle West, la cuisine créole de Louisiane (*jambalaya*...), les *T-bone steaks* du Texas, le *chili* et les *pecan pies* du Sud.
Ne manquez pas non plus le choix gigantesque de parfums de glace recouvertes de sauce chocolat ou de *butterscotch*.

● Le dimanche, initiez-vous au brunch : après avoir fait une grasse matinée, vous irez déguster cette combinaison de BReakfeast-lUNCH. Il s'agit d'un petit déjeuner extrêmement copieux et qui fait donc également office de déjeuner. On le prend généralement entre 10 h et 14 h.

RADIO ET TÉLÉVISION

- Il y a environ 7 000 stations de radio aux U.S.A. dont 550 en Californie et une cinquantaine dans la seule ville de New York. Leurs programmes sont produits localement. Elles portent des initiales comme noms : KBSE, WNBC... et s'adressent à des auditeurs aux goûts divers : rock, musique classique, infos, country... Elles sont animées par des DJs (Disc Jockeys).

- Il existe presque un millier de stations de télévisions, la plupart locales. La télévision par câble est très répandue aux U.S.A. Les trois grandes chaînes nationales sont CBS (*Columbia Broadcasting System*), NBC (*National Broadcasting Company*), ABC (*American Broadcasting Company*).

- La plupart des programmes sont fréquemment interrompus par des « pubs ». En général, les stations émettent 24 heures sur 24.

- Le matin est consacré aux jeux (*The Wheel of Fortune, The Price is Right, The 10.000 $ Pyramid, The Dating Game*...) presque tous repris sur nos chaînes françaises — et aux *talk shows*, émissions à invités ou à thèmes durant lesquelles on parle de problèmes quotidiens.

- L'après-midi, place aux séries : *les Soap Operas* puis aux émissions pour les plus jeunes : *Sesame Street, cartoons* (dessins animés).

- Le soir, les nouvelles, locales puis nationales, sont diffusées entre 18 h et 19 h précédées ou suivies de jeux puis de séries à grand succès (*Miami Vice, Dynasty, Dallas*...) ou de films.

L'ÉDUCATION

- **Le système éducatif américain** se caractérise par son effort pour intégrer l'enfant dans la société américaine : il préconise la réalisation de soi-même, les relations humaines, l'efficacité économique et la responsabilité sociale.

- **Quatre stades :**
  — nursery school : maternelle de 2 à 5 ans.
  — elementary school : école élémentaire de 6 à 11 ans.
  — intermediate school : collège de 11 à 14 ans.
  — high school : lycée de 14 à 17 ans.

- **L'écolier commence au *grade 1* et finit au *grade 12*.**
Ce qui donne approximativement les équivalences suivantes :

CP	1st Grade
CE_1	2nd Grade
CE_2	3rd Grade
CM_1	4th Grade
CM_2	5th Grade
6^e	6th Grade
5^e	7th Grade
4^e	8th Grade
3^e	9th Grade
2^e	10th Grade
1^e	11th Grade
Terminale	12th Grade

- **Pas de baccalauréat ou d'examen terminal.**
On entre à l'université sur la base de ses résultats, des recommandations de ses professeurs, d'entretiens et de tests de niveau (SAT : *Scholastic Aptitute Test*).

COLLECTION Cascade

7-8

LES AVENTURES D'UN CHIEN PERDU
DAGMAR GALIN

L'ÉTRANGE HISTOIRE DE DINGO
WILLIAM ARMSTRONG

LE FILS DES LOUPS
ALAIN SURGET

HUGO ET LES LAPINS
ANNE SIBRAN

LES MALHEURS DE SOPHIE
COMTESSE DE SÉGUR

AU PAYS DES BANANES ET DU CHOCOLAT
KARIN GÜNDISCH

PETIT-FÉROCE N'A PEUR DE RIEN
PAUL THIES

PETIT-FÉROCE DEVIENDRA GRAND
PAUL THIES

LA PISTE DES CARIBOUS
ANNIE PAQUET

LE PRINCE ET LA GUENON
RUSKIN BOND

SUPERMAN CONTRE CE2
CATHERINE MISSONNIER

9-10

L'APPEL DE LA FORÊT
JACK LONDON

ATTENTION AUX PUCES
JEAN-FRANÇOIS FERRANÉ

LES BRACONNIERS DU ROI
PAUL THIES

CLASSE DE LUNE
FRANÇOIS SAUTEREAU

LES ÉTOILES ENSEVELIES
PIERRE PELOT

LE GANG DES RÂLEURS
JANE SUTTON

LA GUERRE DES POIREAUX
CHRISTIAN GRENIER

LE LÉVRIER DU PHARAON
ROGER JUDENNE

LA MAISON AUX QUATRE ÉTOILES
HÉLÈNE MONTARDRE

LA MÉLODIE DE LA PEUR
BOILEAU-NARCEJAC

MYSTÈRE A CARNAC
MICHEL-AIMÉ BAUDOUY

MYSTÈRE AU CHOCOLAT
DIDIER HERLEM

LE MOUSSE DU BATEAU PERDU
YVON MAUFFRET

AU PARADIS DES ENFANTS
DAGMAR GALIN

LE SECRET DE L'OISEAU BLESSÉ
BETSY BYARS

COLLECTION Cascade

11-12

BONS BAISERS DE CALIFORNIE
MARIE-NOËLLE BLIN

LA CAPTURE DE CÉSAR
MICHEL-AIMÉ BAUDOUY

LES DEUX MOITIÉS DE L'AMITIÉ
SUSIE MORGENSTERN

LA GUERRE DU FEU
ROSNY AÎNÉ

LA GUERRE DE REBECCA
SIGRID HEUCK

L'ÉTÉ DE TOUS LES SECRETS
KATHERINE PATERSON

HISTOIRES EXTRAORDINAIRES
EDGAR POE

L'INCONNU DE LA PROISELIÈRE
MONIQUE PONTY

UN JOUR, UN ENFANT NOIR
WILLIAM ARMSTRONG

LE MYSTÈRE DE LA NUIT DES PIERRES
ÉVELYNE BRISOU-PELLEN

RAGEOT ÉDITEUR
COLLECTIONS DE L'AMITIÉ
Achevé d'imprimer mai 1990
N° d'édition : 2038
Imprimerie Hérissey — N° 51330